中国原始创新型人力资本培养生态研究

孟毅芳 ◎ 著

首都经济贸易大学出版社
Capital University of Economics and Business Press
·北京·

图书在版编目（CIP）数据

中国原始创新型人力资本培养生态研究/孟毅芳著. ――北京：首都经济贸易大学出版社，2022.10

ISBN 978-7-5638-3431-0

Ⅰ.①中… Ⅱ.①孟… Ⅲ.①人力资本—研究—中国 Ⅳ.①F249.21

中国版本图书馆 CIP 数据核字（2022）第 185525 号

中国原始创新型人力资本培养生态研究
孟毅芳 著

责任编辑	洪　敏
封面设计	砚祥志远·激光照排　TEL:010-65976003
出版发行	首都经济贸易大学出版社
地　　址	北京市朝阳区红庙（邮编100026）
电　　话	（010）65976483　65065761　65071505（传真）
网　　址	http://www.sjmcb.com
E-mail	publish@cueb.edu.cn
经　　销	全国新华书店
照　　排	北京砚祥志远激光照排技术有限公司
印　　刷	北京九州迅驰传媒文化有限公司
成品尺寸	170 毫米×240 毫米　1/16
字　　数	207 千字
印　　张	11.5
版　　次	2022 年 10 月第 1 版　2022 年 10 月第 1 次印刷
书　　号	ISBN 978-7-5638-3431-0
定　　价	45.00 元

图书印装若有质量问题，本社负责调换

版权所有　侵权必究

前　言

　　1979年诺贝尔经济学奖获得者，人力资本理论的创建者西奥多·舒尔茨（Thodore W. Schultz）指出，人力资本是现代社会促进国民经济增长的主要原因，1960年，他在题为《人力资本的投资》的演讲中提出："人口质量和知识投资在很大程度上决定了人类未来的前景。"[①] 对这一理论的最好实证是日本和德国在第二次世界大战中受到重创，基础设施和工业设施几乎被毁灭，在战后15年左右重新崛起，一度占据了全球经济实力第二和第三的位置。人们考察两个国家经济复兴的原因时，都把两国人力资本的优秀和人力资本在战争中得以基本保全认定为最重要的因素。战争摧毁了两国的物质资本，却没有摧毁其充裕和优秀的人力资本。而全球最大的经济体美国，按照2005年"科学创新的未来"组织发表的报告，第二次世界大战后近半个世纪，科技创新促使美国的经济迅速增长。

　　人力资本如此重要，因此学者们对人力资本的研究不断深入。一般而言，人力资本的质量可以由低到高分为一般型人力资本、专业型人力资本和创新型人力资本。实践证明，一个国家仅依靠一般型和专业型的人力资本是难以在国家竞争和经济竞争中取得优势地位的，只有创新型人力资本才能使国家和企业在竞争中取得优势和长期发展。而创新型人力资本也有质量之分，对于任何国家最高端、最重要、最稀缺的人力资本就是原始创新型人力资本。

　　原始创新是指能够进行前所未有的科学发现、技术发明等创新，因此，原始创新是最根本的创新，是真正智慧的体现，是人类文明前行的标志和推动力。一个国家的原始创新能力，是决定国家实力和前途的重要因素之一。

　　本书研究的主论调是劳动经济学，在研究过程中融入了心理学、管理学、社会学等学科的综合思考。主要研究内容分为四个部分：第一部分在梳理原始创新型人力资本培养生态相关概念和理论的基础上，首先研究了目前中国原始

[①] SCHULTZ T W. Capital formation by education [J]. Journal of political economy, 1960, 68 (6): 571-583.

创新型人力资本培养生态的建构现状、存在的问题和经验教训；第二部分研究了国外创新型国家原始创新型人力资本培养生态的现况和经验教训；第三部分在总结国外经验教训和中国现状分析的基础上构建了培养生态模型，深度挖掘了影响中国原始创新型人力资本培养生态的构成要素，并运用计量经济方法探讨了培养生态对中国经济增长和科技发展的影响；第四部分分析了中国原始创新型人力资本培养生态的影响因素以及可能的发展方向，力图基于现状和国内外经验教训，基于本书研究结果，提出适合中国国情，又具有可行性和前瞻性的策略建议。

基于上述四部分研究，得出五点结论：第一，本书界定了培养生态的定义，即：原始创新型人力资本培养生态是作为个体的人才，特别是原始创新型人才在外部环境的影响下，使其天生禀赋得到正向或负向刺激，导致原始创新人才天赋智能的进化或退化，进而影响原始创新行为和结果的环境体系。第二，中国在原始创新人才培养上还有很多方面需要努力，但在营造有利于原始创新人才发挥使用价值，并形成原始创新型人力资本的培养生态上已有了较大提升，并且国家和社会对原始创新型人力资本的积累越来越重视。第三，本书总结得出影响培养生态的变量包括：个体变量、价值变量和社会变量，以及相对应的知识、能力、投资、环境和激励五类因素。运用文献分析法和传记分析法获得的14个培养生态要素以及相对应的指标数据，定量分析了中国原始创新型人力资本培养生态的评价得分和发展趋势，认为中国培养生态整体上是不断改善的，但个别年份出现下行波动。虽然稍有波动，但仍然处在培养生态改善的高速发展期。第四，培养生态的持续改善促进了中国的经济增长和科技发展，缩小了与西方发达国家的差距。第五，在未来发展趋势上，应在多学科教育生态系统营造、创新与创业家社区集聚生态营造、风险投资机制完善、双创培养环境改善四个方面加以改进。

本书基于人力资本理论和创造性人才培养相关理论，吸取国内外经验教训，从中国国情和文化特点出发，分析中国原始创新型人力资本培养生态的需求资源、构成要素、教育组织、应用组织等，探讨国家、企业、大学、教育、社会文化等培养原始创新型人力资本的生态系统，重点研究了资金投入、人才培养、基础设施建设三大硬件系统和科技创新体系、社会激励两大软件系统，探讨了完整的原始创新型人力资本培养生态的构建和发展要点。

现在的时代是创新型经济时代，中国现代化发展的追求目标之一是成为创新型国家。二十大报告中不仅对中国非凡十年的创新成就进行了总结，更对未

来五年乃至更长时间内科技、人才、创新事业发展指明了方向。非凡十年，中国创新主体不断壮大，研发人员总量居世界首位，科技投入力度空前，全社会研发经费支出从 10 000 亿元增加到 28 000 亿元，居世界第二位，基础研究和原始创新不断加强，一些关键核心技术实现突破，进入创新型国家。为实现到 2035 年进入创新型国家前列的发展目标，二十大报告中进一步提出了科技、人才、创新"三个第一"的重要论述，并给出了详细的发展路径：①发展科技第一生产力要完善统一领导体制，健全新型举国体制，形成支持全面创新的基础制度，形成具有全球竞争力的开放创新生态；②培养人才第一资源要深入实施人才强国战略，加快建设世界重要人才中心和创新高地，加快建设国家战略人才力量，努力培养造就更多大师、一流科技领军人才和创新团队、青年科技人才、卓越工程师、大国工匠、高技能人才；③增强创新第一动力要加强基础研究，突出原创，集聚力量进行原创性引领性科技攻关，加快实现高水平科技自立自强。创新在国家战略上的重要性前所未有，充分说明了研究原始创新型人力资本培养生态的重要性。因此，本书在总结前人研究的基础上，对比研究国内外原始创新型人力资本培养生态，提出和归纳生态系统的构成和建设内容，研究了影响生态系统培养效率的主要影响因素，为促进中国建设原始创新型人力资本生态系统提供了一定的政策启示和理论支持。

目 录

第一章 导 论 ·· 1
    第一节 研究背景及研究意义 ·· 3
    第二节 研究思路与研究方法 ·· 8
    第三节 研究的主要创新 ··· 11

第二章 文献和理论综述 ·· 13
    第一节 原始创新型人力资本相关概念 ····································· 15
    第二节 国内外研究综述 ··· 27
    第三节 原始创新型人力资本相关理论 ····································· 40
    第四节 现有研究的简要评价 ··· 43

第三章 中国原始创新型人力资本培养的现状研究 ···················· 45
    第一节 中国原始创新型人力资本培养的现行体系 ····················· 47
    第二节 中国原始创新型人力资本培养的历史经验和教训 ············ 66
    第三节 中国原始创新型人力资本培养的现实困境 ····················· 68
    第四节 中国原始创新型人力资本培养的近期探索 ····················· 70
    第五节 中国原始创新型人才培养与转化原始创新型
           人力资本 ·· 76

第四章 原始创新型人力资本培养的国际启示 ··························· 79
    第一节 美国原始创新型人力资本培养生态情况 ························ 82
    第二节 日本原始创新型人力资本培养生态情况 ························ 93
    第三节 其他国家原始创新型人力资本培养生态情况 ·················· 99
    第四节 国外原始创新型人力资本培养的经验和教训 ················ 101

第五章　原始创新型人力资本培养生态模型构建 ………… 105
第一节　原始创新型人力资本培养生态理论分析 ………… 107
第二节　原始创新型人力资本培养生态模型的提出 ……… 118
第三节　原始创新型人力资本培养生态要素采集 ………… 120

第六章　中国原始创新型人力资本培养生态评价 …………… 129
第一节　原始创新型人力资本培养生态度量 ……………… 131
第二节　原始创新型人力资本培养生态要素分析 ………… 146
第三节　原始创新型人力资本培养生态实践检视 ………… 156

第七章　中国原始创新型人力资本培养生态未来发展探索 ……… 163
第一节　从教育体系促进多学科生态系统的营造 ………… 165
第二节　从组织（企业）体系促进创新与创业家社区集聚
　　　　生态的营造 ……………………………………… 166
第三节　从国家体系促进风险投资机制的建构和完善 …… 166
第四节　促进创新与创业结合的培养环境的改善和发展 …… 168

第八章　总结和展望 ……………………………………………… 171
第一节　总结 ………………………………………………… 173
第二节　研究展望 …………………………………………… 174

致　谢 …………………………………………………………… 176

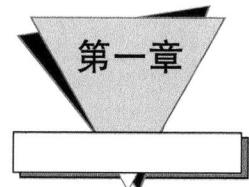

导 论

第一章 导 论

第一节 研究背景及研究意义

一、研究背景

英国学者李约瑟提出"中国文明在科学技术史上起到举足轻重的巨大作用,但为什么科学和工业革命没有在近代中国发生?"[1],即著名的"李约瑟难题"。根据西方学者的统计,从公元6世纪到17世纪初,在世界重大科技成果中,也就是我们今天所说的原始创新型科技成果中,中国占据的比例高达54%以上,到了19世纪,这个数据却下降到仅有0.4%。2005年,中国学者钱学森提出著名的"钱学森之问":"为什么我们的学校总是培养不出杰出的人才?"他的答案是缺乏培养创新型人才的模式,也缺乏使得创新型人才在社会上脱颖而出的机制。无论是"李约瑟难题",还是"钱学森之问",都有多种解读,有归咎于中国体制的,有归咎于中国文化的,有认为是特定发展阶段问题的,有认为是缺乏经济基础的,等等。抛开政治立场,在各界学者的解答中,一个比较公认的解读是,中国近代缺乏原始创新型人才得以培养成才和发挥作用的生态系统。

科技创新导致科技进步的最大推动力来自原始创新。原始创新是一种直觉性的创新,个人的天赋本能、兴趣爱好形成个人某个方向的长期探索激情,同时汲取已有知识,在某方面实现突破,形成非凡的未来想象或者超常的创意灵感。常规的教育只能提供个人的知识基础,而形成原始创新能力则需要以教育为核心的系统培养和训练。

在研究原始创新型人力资本之前,需要先分清人力资源与人力资本的区别。人力资源是具有价值的人的集合,是能够创造价值,且创造的价值可以被应用,是人才的脑力和体力的总和。人力资本,虽然只是一字之差,但属于投资范畴,与货币资本相适配,是人在成长过程中,经历教育、培训、工作、研究、行业经验等,导致凝结在人身上的技能、学识、工作水平和体能等的总和,人力资本为所属的人带来工资等收益,所以被称为人力资本。因此,可以发现,人力资本是人力资源所产生价值的部分,人力资本属于人力资源,人力

---

[1] 李约瑟. 中国科学技术史[M]. 北京:科学出版社,1990.

资源是产生人力资本的基础。由此本书发现：第一，人力资本来源于人力资源，人力资源越丰厚，所产生的人力资本越丰厚。国家和社会应用人力资源的方法越好，人力资本生产的效率就越高，从而人力资本越丰厚。人力资本的生产决定于人力资源的数量、质量和应用效率。第二，原始创新型人力资源的数量、质量和应用效率，决定了原始创新型人力资本的产出程度。第三，人力资本是人力资源中的价值部分，是真正产生并创造价值的部分。人力资本如此重要，因此学者对人力资本的研究不断深入。在数量方面，人力资源的数量越多，人力资本的产出越丰厚，是正比的关系。在质量方面，人力资本的质量可以由低到高分为：一般型人力资本、专业型人力资本和创新型人力资本。

从新中国成立到21世纪初，从科技落后、科技人员极其匮乏开始追赶发达国家，这一阶段的重点在于快速培养大批量、能够快速应用、适应模仿跟踪实现初步工业化的应用型人才。回顾历史，这种大力培养人才的战略取得了巨大的成功，中国快速在各行业积累了能够基本维系和发展大工业体系的人才，其间虽然遭受"文化大革命"的影响，但在"文革"结束后又快速恢复了积累过程。时至今日，以科技人力资源总量而论，到2018年年底中国科技人力资源总量已达到10 154.5万人，规模保持世界总量第一①。然而这种人才培养生态系统具有鲜明的"追赶应急性"，在实现大工业阶段，主要是引进国际先进技术，模仿和应用他国科技成果，因此原始创新需求问题不显著。时至今日，中国已成为全球第二大经济体，在与西方发达国家激烈竞争中，难以再通过科技引进的模式继续实现发展，固有人才培养生态系统的弱点越来越显著，国家和社会各界对原始创新型人才的重视和需求空前高涨。中国逐渐认识到，国家和社会发展到今天的程度，如果想继续发展，达到西方发达国家的水平，需要将原始创新放到最重要的位置，不可能再依赖科技引进。在这种背景下，2006年，国务院颁布《国家中长期科学和技术发展规划纲要（2006—2020年）》，到2020年，中国将建设创新型国家定为战略目标。2016年8月，国务院颁布了《"十三五"国家科技创新规划》，要求到2020年中国国家综合创新能力进入世界前15位，初步建成创新型国家。2020年9月，习近平在科学家座谈会上发表重要讲话，提出："我们必须走出适合国情的创新路子，特别是要把原始创新能力提升摆在更加突出的位置，努力实现更多'从0到1'的

---

① 中国科协创新战略研究院. 中国科技人力资源发展研究报告（2018）——科技人力资源的总量、结构与科研人员流动 [EB/OL]. https：//www.crsp.org.cn/m/view.php? aid = 3086，2020 - 08 - 20.

突破。"

随着中国对原始创新型人力资本重视程度的逐步提高,近年来,中国原始创新型人力资本培养生态系统得到长足发展和完善,2012—2017这5年来,中国多个科技成果的"井喷"就是明证。但也需要看到,这些科技成果的"井喷"中,属于原始创新型的还是少数,多数还是追赶型,因此,完善和发展中国原始创新型人力资本培养生态仍是一个长期的、重要的命题。整体看,中国原始创新型人力资源的积累还很薄弱,无论是数量、质量与发达国家相比相差甚远,在应用方法和效率方面处于改善虽快,但整体薄弱的局面。人力资源的薄弱导致原始创新型人力资本的薄弱。原始创新型人力资本的薄弱导致中国原始创新能力不强,多数产业发展仍处于全球产业价值链的中低端,不少领域依赖引进核心技术和关键零部件,自主创新能力偏弱,缺乏支撑产业升级、引领前沿突破的源头技术储备。学界和各界都对中国原始创新能力不强提出了很多看法,有影响力的看法包括三点。

第一,基础研究投入比例过低,多重原因导致低质量科研成果。一是作为前沿技术源头的基础研究欠账较多。新中国成立的70年里,中国科技经费主要还是以短期、应用技术研发为主,对具有长远影响的基础研究投入较少,追赶型的设置导致原始创新能力薄弱。中国基础研究投入比重很长时间只占总研发费用的5%左右,而西方发达国家则通常在15%以上[①]。基础研究和源头性技术研究投入明显不足,必然导致关键基础性和源头性科技供给不能满足原始创新产业链的需要。二是科研项目多数为跟踪国外已有成果,低水平重复的现象非常普遍。中国大多数科研项目仍处于跟踪国外前沿研究的状态,原创性、能引领国际前沿的能力只表现在个别领域或者国家主导全力推进的领域。而且,财政科技经费管理缺乏有效的统筹协调机制,使得中国原始创新研发处于资金链断档与交叉重复并存的状况,整体研发投入存在碎片化和低水平重复现象,这是难以产生原始创新型科技成果的重要原因。

第二,原始创新研究定位模糊,评价导向缺乏有效标准。一是提升显示度决定了研发投入的决策,与企业不同,中国政府相关的科研机构很多时候未能从需求出发进行原始创新研究和科研投入。整体原始创新投入的战略规划性不强,偏离需求的情况时有出现,这样导致原始创新型人力资源的应用效率和应

---

① 大连理工大学管理与经济学院. 中国研发经费报告(2018)[EB/OL]. https://www.sciping.com/28609.html,2019-05.

用方法低下,难以在有效领域积累原始创新型人力资本。二是中国科研评价体系运作不良。每年产生大量的"PAPER",但其中原始创新型的成果极少。表现出重数量、轻质量,重短期利益、轻长期效果的不良倾向。一方面,重数量、轻质量的科研评价机制导致研发人员追求论文、专利等数量指标,导致重大科研突破少。极端情况下,量化评估还催生了将研究成果化整为零的"畸形"发表策略。另一方面,科学研究和技术开发的界限未能很好地区分,在有些领域,过度强调科研成果转化,反而不利于科学研究的持续发展,影响原始创新型科研成果的产生。

第三,产学研功能未能有效衔接,形成合作效果。发达国家的企业更偏重于探索性活动,将其研发资源的较大份额分配给高校,并与高校建立更深层次的研究合作伙伴关系①。相比美国、英国这样的发达国家,中国的高校、科研院所不仅未能与企业形成有效互补,反而在某种程度上成为竞争者。一方面,因为考核科技成果转化率,高校和科研院所越来越多地倾向于将科技成果内部产业化;另一方面,一些应用型研发机构转制为企业后,机构功能与运行机制错位,难以发挥行业共性技术平台作用;设立在企业的共性技术研发中心,运行机制又不适合其功能定位。为了鼓励产学研合作,不少科技计划项目要求产学研合作申请,结果部分产学研合作"拉郎配",一定程度上存在"貌合神离"的现象,不少机构为了争取经费凑到一起,而没有实质性合作。目前,产学研合作不畅的主要原因是,企业、高校和科研院所在发展目标、运行管理模式和评价机制等方面差异过大,很难在现行机制的牵引下结成利益共同体。此外,创新型人才难以在产学研之间自由流动也是阻碍产学研有效合作的重要因素。

上述种种现象,反映中国原始创新型人力资本培养生态存在如下问题:①初等应试教育导致庞大人力资源中能适应原始创新的可能性原始创新型人力资源比例过低。②高等教育研发能力培养落后导致多数可能性原始创新型人力资源无力转化成真正的原始创新型人力资源。③原始创新投入过低和研发体制性因素导致原始创新型人力资源转化成原始创新型人力资本质量、效率较低。显然,在原始创新对于国家进一步发展越来越重要的今天,这样的现实状况更凸显了评估、创建、改善、提升中国原始创新型人力资本培养生态的重要性,

---

① BERCOVITZ J E L, FELDMAN M P. Fishing upstream: Firm innovation strategy and university research alliances [J]. Research policy, 2007, 36 (7): 930-948.

这正是本书研究原始创新型人力资本培养生态的背景和原因。因此，本书重点着眼于梳理国内外原始创新型人力资本培养生态的现状和问题，提出影响培养生态的因素，构建培养生态模型，分析培养生态的现状和发展趋势，为改善中国原始创新型培养生态提供依据。

二、研究意义

一个国家原始创新程度的关键要素不是钱而是人，取决于能够从事原始创新的人力资本的质量与数量[①]。国家和企业要具备足够的原始创新能力，一方面要培养和拥有足量和规模性的原始创新人力资本，另一方面要使原始创新型人力资本能够在国家和产业现实环境中发挥作用、应用才能。在这样的基础上，原始创新成果才能得以被发明创造，发明创造后也才能被快速和有效地应用，从而推动国家和企业发展壮大，推动人类文明进步。

原始创新型人力资本的培养和应用，需要国家和社会构建起一个有效培育的生态系统，这个生态系统一方面要能够有效培育出原始创新型人力资本；另一方面要能够使原始创新型人力资本得以发挥其才能，创造出原始创新成果。因此，该生态的构建是一个复杂的系统工程，是国家、社会、企业、高校、基础教育整体体系作用的结果，也是国家意志、充足投资、有效政策、良好科技基础设施等综合作用的成果。

纵观目前可以称得上创新型的国家，具备良好原始创新人力资本的国家，无论是美国、日本、德国这样的大国，还是瑞典、芬兰这样的小国，无一不是在其国家建立起了良好的原始创新型人力资本培养生态的结果。当前，中国已经充分认识到建立良好原始创新型人力资本培养生态的重要性和迫切性。因此，研究如何建立起有效率的原始创新型人力资本培养生态，具有重要的理论和现实意义。

（一）理论意义

原始创新的基本行为模式是社会或个人的直觉式创新。直觉式创新是由个人的天赋本能结合个人的兴趣爱好，形成持久或突发的探索激情，在社会已有知识经验的基础上，形成非凡的理论或技术想象，产生具有突破性的创意灵感。原始创新的结果转化为创新的产品或服务，从而能够创造出非比寻

---

① 方竹兰.中国原始创新型人力资本制度建设研究［J］.中州学刊，2018（12）：30－34.

常的经济和社会价值,重大的原始创新甚至会改变当今世界的生产生活方式或者创造出新的巨大产业,或者颠覆旧有的传统产业。在直觉式创新牵引下,初步的原始创新成果再经过扩散式的解释式创新、推理式创新等,才能构成原始创新的动态流程,从而使得原始创新不断扩张其经济成果,影响国家、社会和人类发展历程。本书基于国内外人力资本和原始创新的相关理论,研究了中国目前的原始创新型人力资本培养生态的现状,并对照研究了国外创新型国家的原始创新型人力资本培养生态体系,在此基础上建立了培养生态模型,通过定量分析的方法,度量出中国培养生态的现状及变化趋势,分析了培养生态对中国经济增长和科技发展的影响,提出了构建培养生态的可能发展方向。因此,本书对于研究如何发展完善中国原始创新型人力资本培养生态具有一定的理论指导意义,有助于人们认识该生态系统的要素和完善发展的方向。

(二) 现实意义

目前,国际经济有陷于长期不景气的可能性,中国政府也认为,中国经济可能长期处于"L"形的中低增长期,传统的粗放型增长在产能过剩的今天已经很难持续,经济的继续发展需要转变发展模式,创新成为国家和社会的共识,而原始创新成为重中之重。小的创新,能够改善产业效率;大的创新,能够获得产业优势;原始创新,能够开辟新的产业,引领国家和企业的发展方向,是被历史和现实证明的。因此,研究原始创新型人力资本的培养生态,有助于中国完善和发展原始创新型人力资本总量和使用效率,促进中国加速培养原始创新型人才,并为其创造和发展有利于发挥原始创新才能的综合环境,促进中国原始创新成果的涌现,推进中国建成创新型国家,并在以后的发展中成为国际领先的原始创新大国。因此,本书也具有显著的现实意义。

第二节 研究思路与研究方法

一、研究思路

理论必须结合实际才能作用于现实发展,本书运用从理论上升到具体执行的方法以及历史回溯与现况分析相统一的方法,试图系统论证中国原始创新型人力资本的培养生态。按照从理论到实际和从中国国情到国际经验的次序,分析了原始创新与人力资本理论、中国原始创新型人力资本培养现状、原始创新型人力资本培养生态的国际经验、中国原始创新型人力资本培养生态模型建构、中国原始创新型人力资本培养生态的实证研究、培养生态的影响因素以及发展方向。同时为了分析中国原始创新型人力资本培养生态的实际状况和未来建设,首先分析了中国相关培养生态的历史形成过程以及实践经验和教训,力图体现理论分析与现实分析相统一的方法。

本研究在综述国内外已有研究文献的基础上,以建构中国原始创新型人力资本培养生态为主线,从梳理中国从历史到现在发展原始创新型人力资本培养生态的经验、成果和教训入手,对比各国建设发展原始创新型人力资本培养生态的历史过程、重点体系、制度建设等的经验教训,从而探讨中国构建完善培养生态的可行路径。在此基础上,探讨原始创新型人力资本培养生态对中国经济增长和科技发展的影响作用。基于前述研究探讨,重点从教育培养环境、风险投资机制、多学科生态营造和创新与创业家社区集聚四个方面,总结和提炼未来发展和强化相关培养生态的重点方向,提出促进中国原始创新型人力资本培养生态的政策建议。研究路线图如图1-1所示。

二、研究方法

本书的研究中综合运用了多种研究方法。

(一)实证分析法

书中用实证分析法分析国际和国内在原始创新型人力资本培养生态各方面的经验和教训。例如,对各国建设创新型国家的政策、产业和标准的分析,可以为中国发展培养生态,缩小创建创新型国家的差距、发展重点和未来标准等方面提供参考,通过对中国培养生态现状的分析,可以了解最需要加强的生态建设重点,因而通过实证分析法可为本书的培养生态研究提供合理的解析。

(二)比较分析法

比较分析法包括横向比较分析法和纵向比较分析法。本书横向比较国内外建构培养生态和发展创新型国家的经验教训,以及制度建设和政策,包括实践结果所证明的努力成效,从而能够从对比中发现重点,再从重点中考虑国情和发展条件,从而为中国培养生态发展提供良好的参考。本书纵向比较不同历史阶段国家对人力资源培养、人才培养、素质培养等方面的不同重点,从国家发展阶段角度总结当代培养生态的时代性和重点领域。本书研究还涉及其他大量需要比较的内容。

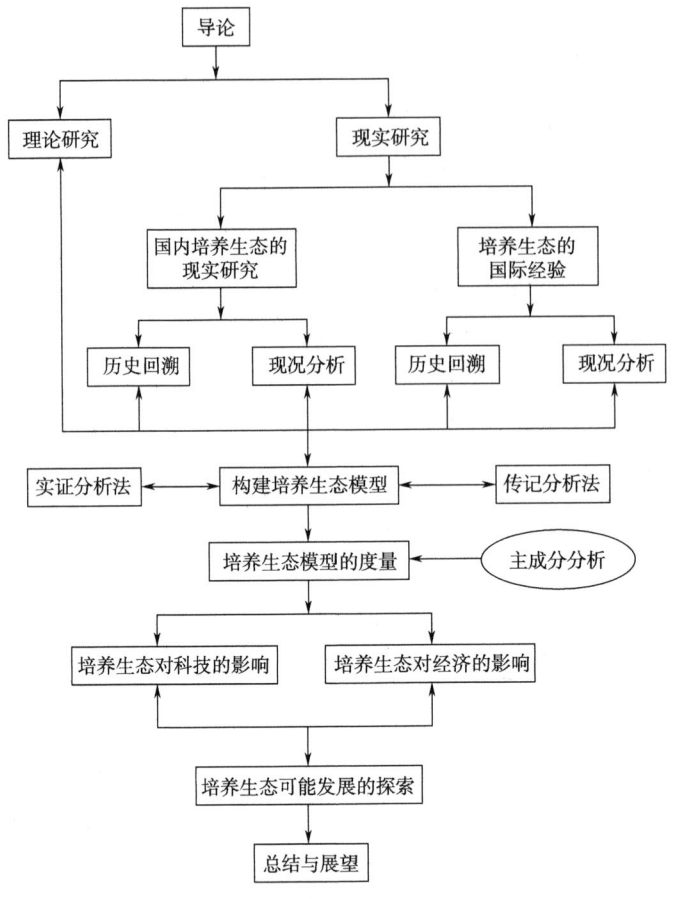

图 1-1 技术路线图

(三) 传记分析法

传记分析法是通过对有关历史人物传记资料中的历史事件进行分析，检测人物行为的一种研究方法，包括个案研究分析和历史文献分析。本书运用比较分析法提炼出构成原始创新型培养生态的要素，通过传记分析法对220位两院院士的传记进行分析，提炼其在原始创新能力培养和从事创新活动的环境要素，从而补充和验证运用比较分析法提炼出的影响要素的可靠性。

(四) 数理分析法

数理分析法是将数学方法和数学技巧应用到经济分析中，通过经济计量模型分析经济行为发生的因果关系或进行经济预测的方法。本书从理论层面构建了包含：知识因素、能力因素、投资因素、环境因素、激励因素等方面的原始创新型培养生态模型，通过主成分分析法定量反映中国原始创新型人力资本培养生态的发展情况，并运用回归分析方法分析相关培养生态体系的培养效率和对中国经济、科技等方面的影响。

第三节 研究的主要创新

本书研究的主要创新点包括四个方面。

（1）对中国原始创新型人力资本培养生态多元化、多层次结构的梳理分析和建构。本书从对比国内外发展原始创新型人力资本培养生态的经验教训和制度政策以及实践成效入手，探索从社会、国家、组织、教育多层次的原始创新型人力资本培养要素和相应重点，通过不同层次的现实研究，为构建中国多元化、多层次的原始创新型人力资本培养生态体系提供了一定参考。

（2）研究综合考虑了原始创新型人力资本培养生态的硬件和软件的构成要素，并不局限于传统的强调资金投入和建设研发基础设施的角度，而试图将生态体系的建设扩展到教育培训、社会文化环境等多元格局。

（3）在研究基础上总结建构了培养生态的四个体系，即教育体系、组织（企业）体系、国家创新体系、社会文化体系，以及四个体系中重要的14种影响培养生态绩效的因素，建立预判性的原始创新型人力资本培养生态模型，通过模型分析，度量中国培养生态的历史与现状，预测未来发展趋势，有利于把握相关培养生态的建设和完善重点，提升生态培养效率。

（4）在前人的理论和分析基础上，试图以更宽广和更新的视角，将国际国内最新的产业、教育和经济政策变迁趋势，融入对中国原始创新型人力资本培养生态建构完善的设计之中。

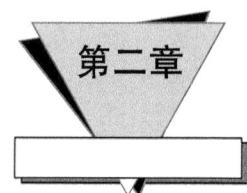

文献和理论综述

第二章　文献和理论综述

第一节　原始创新型人力资本相关概念

一、原始创新

(一) 原始创新的内涵

1. 原始创新的定义

目前，学术界对原始创新（original innovation）的定义没有统一的界定，较多的提法包括：原始创新、原始性创新、源头创新、根本性创新、基础创新。虽然提法不同，但仔细分析，这些概念都有共通之处。

徐冠华认为，原始性创新意味着在研究开发方面，特别是在基础研究和高技术研究领域做出前人所没有的发现或发明，从而推出的创新成果。它不是延长一个创新周期，而是开辟新的创新周期和掀起新的创新高潮。原始性创新孕育着科学技术质的变化和发展，促进人类认识和生产力的飞跃，体现一个民族的智慧及其对人类文明进步的贡献①。

吴海江认为，所谓原始性创新，就是向科学共同体贡献以前从未出现过，甚至连名称都没有的东西。原创性研究成果一般在当下很难看出其应用价值，但为今后的科学技术发展提供储备②。

陈雅兰等认为，原始性创新是指通过科学实验和理论研究探索事物的现象、结构、运动及其相互作用规律，或者运用科学理论解决经济社会发展中关键的科学技术问题的过程。其成果表征为重大科学发现、重大理论创新、重大技术创新、实验方法和仪器的重大发明等③。

973 计划基础研究共性重大问题战略研究组研究认为，科学上的原始性创新是指开拓新领域、引领新方向和孕育新学科的创新活动，其成果包括新现象的发现和新概念、新理论体系的形成。科学上的原始创新往往会对技术的发展乃至人类社会产生划时代的影响④。

---

① 徐冠华. 重视基础研究　推动原始性创新 [J]. 中国科技奖励, 2001 (2).
② 吴海江. 科学原创与科学积累 [J]. 自然辩证法研究, 2002, 18 (5): 47-50.
③ 陈雅兰, 韩龙士, 王金祥, 等. 原始性创新的影响因素及演化机理探究 [J]. 科学学研究, 2003, 21 (4).
④ 973 计划基础研究共性重大问题战略研究组. 对提升原始性创新能力的一些建议 [J]. 中国基础科学, 2004 (2).

从以上学者对概念内涵的表述可以看出，都有一个共同的"前所未有"。原始创新，又被称为源头创新。源头，意味着事物的缘起，应用到学术和科技上，意味着新学科、新领域、新理论、新发明的出现。原始创新，虽然不可能是空想而来，自有知识积累的基础，但原始创新不仅是知识积累的顺延，而且是在积累基础上的突破，甚至是突变和颠覆，称为知识生产。知识生产是原始创新的主要基础，原始创新就是新知识的产生①。因此原始创新的成果在初步产生时，即使创始者也往往难以精确了解成果的应用价值，也常会遭到各种质疑甚至忽略和蔑视。原始创新的成果随着时间的推移才能逐步被了解和开发出广泛的应用价值，从而形成新的学科和新的技术路线。

原始创新的核心词是创新，创新是一个较为广泛的概念，完成新的产品设计，创造一种新的技术方案，提出一种新的商业模式，创作一件新的艺术品，等等，凡是提出解决问题的新途径，凡是知识新增，均可以称为创新。因此创新根据其成效和价值是多层次的，原始创新作为创新的最高层次，区别于其他创新形式的是其"原始"的本源内涵。所谓原始，意为构成起源和开端，具体到科研领域，意味着基础理论或技术的重大突破，是长期学术经验和学术阅历积累的"裂变"，具有重大的意义②。

中国科学院院士石元春将科技创新分为科学、技术和工程三个方面③。石元春认为，原始创新主要是第一类科学创新，是原理性的创新，或者说，原始创新是"元创新"（meta - innovation），是理念上的根本性创新。区别一般创新与原始创新的一种直接通俗的解释是：一般创新如同母鸡下的鸡蛋，是"衍生创新"；而原始创新是直接能下蛋的母鸡，原始创新引发多种衍生创新，因此，创新模式又可分为原始创新、跟随创新和集成创新三种。

根据研究，原始创新是原始积累由量变到质变的突破。原始积累主要是指基础研究的积累，由原始积累到原始创新成果的产生，特别是大规模的产生，需要国家科学能力的基础积累、基础研究人力资源的积累、学术传统的积累、

---

① 舒成利，高山行. 基于知识生产模式的原始性创新发生机制的研究［J］. 科学学研究，2008（6）：640 - 644.

② 沈惠平. 对原始创新、集成创新与消化吸收再创新的认识［J］. 中国科教创新导刊，2007（11）：68 - 69.

③ 石元春. 创新是一种精神［N］. 中国组织人事报，2014 - 09 - 25.

学术思想和知识的积累以及个体的积累[①]。

2. 原始创新的领域

原始创新的领域主要集中在基础研究和应用基础研究领域[②]。基础研究多为科学型研究，以认识世界、发掘自然规律为主要任务，其成果多为新理论的创建或者前所未有的重大发现。例如，1840年，德国化学家李比希提出矿质营养学说[③]，指出有机物腐烂后将变为简单无机物，这种无机物作为矿物质可以被土壤吸收。这一学说直接催生了化肥产业领域，并引发了第一次近代农业科技革命。应用基础研究多为技术型研究，多为面对国家和企业在发展过程中的重大难题和重大需求，突破解决导致新科技发展、传统产业变迁升级的关键科技。因此，应用基础研究多是在基础研究突破基础上的重大技术创新和突破。例如，计算机、农药、拖拉机的发明等。

回顾人类科技的发展历史，我们注意到一种现象，就是原始创新的发展是一个"由外而内，由现入微"的过程，19世纪以前，原始创新成果多为技术型研究的结果，技术的进步推动科学发展，典型的如瓦特发明蒸汽机后，对应的热力学理论才被提出。从19世纪下半叶开始，科学逐步替代技术成为原始创新的主要领域，科学理论首先得到突破，其后在突破的科学理论基础上重大的技术创新才得以产生[④]，例如，遗传学理论建构后，杂交水稻、杂交玉米等重大技术进步随之被创造。这种现象的产生与原始创新对应时代所约束的研究物质和技术条件有关，科学原理的原始创新需要高度技术化的基础设施，很多科学原理蕴含于物质和生物内部，19世纪中叶以前缺乏这种技术条件、实验设施等。当然，科学与技术都推动了原始创新的不断发展和突破。

3. 原始创新的特征

综合看，原始创新具备五方面特征。

（1）原始累积性。原始创新是创新的过程，更是历史的累积过程。贝尔纳认为，创新是积累的指示传统，科学积累形成一种发展的"链"的概念，原始

---

① 陈雅兰. 原始性创新的理论与实证研究 [D]. 武汉：武汉理工大学，2005.

② 李柏洲，罗小芳. 企业原始创新中学研合作伙伴的选择：基于影响因素及其作用路径视角的分析 [J]. 科学学研究，2013，31（3）：437-445.

③ 李比希. 化学在农业和生理学上的应用 [M]. 刘更另，译. 北京：农业出版社，1983.

④ 洪银兴. 科技创新与创新型经济 [J]. 管理世界，2011（7）：1-8.

创新是这条链发展到一定阶段，在渐进积累基础上的飞跃和变革①。当然，积累是原始创新的前提，但积累未必能产生原始创新。陈雅兰对于原始累积性主要强调五个方面的积累，第一，国家科学能力基础积累。这是形成社会整体科学能力和培养原始创新人才的环境。第二，原始创新人才积累，需要一定规模和良好结构形成累积"链"，许多原始创新成果有赖于几代人的持续努力。第三，学术传统的积累，学术传统由国家科研的长期历史积淀而成，所谓"名师出高徒"就是明证。第四，学术思想和知识积累，原始创新的思维来自继承的传统和新的思维发展的融合和反思。第五，个人的积累，即个人经验、经历、教育、研究的综合积累，最终导致原始创新发生的个体或核心人物在个人的积累中产生②。

（2）不确定性。原始创新的不确定性主要表现在局部，即科学型研究（基础研究）中，原始创新中的应用基础研究有较为明确的研究目标。虽然应用基础的研究目标是确定的，但无论基础研究还是应用基础研究，原始创新的研究结果都可能是不确定性的。特别是基础研究，无论目标还是结构都是高度不确定的，随机性很强，原始创新的结果不是研究者最初的目的，而研究者最初只有模糊的方向，导致许多原始创新成果来自偶然的新发现，而成果在出现后的一段时间的应用可能性和重要性也很难得到准确评估③。原始创新的不确定性还表现在原始创新人才个性的不确定性和创造原始创新成果的不确定性上。

（3）颠覆和突变性。原始创新特别是基础研究在较多的时候是对原有理论和固有认识的颠覆，或者推翻旧有理论，或者开创新的视角，具备鲜明的首创性和突破性，因此研究的思路、方法、方向都可能与传统不一致，在一段时间内难以取得多数学者的共识④。例如，量子力学刚产生时，即使量子力学本身是在爱因斯坦自己的理论上演变研究而来的，他也坚决反对，难以接受。这类重大理论争论数十年甚至更长的时间才会完全被接受。

（4）长期与偶然性。当一项原始创新成果被广泛接受后，会发现在原始创新成果被创造出来之前，历代的科研先驱已经发现了该项成果的雏形或者部分内容，甚至已经找到了门路，却在最后一步的时候偏移了方向。类似这种现象

---

① BERNAL J D. The social function of science [M]. New York: The MaCmillan Company, 1939.
② 陈雅兰. 原始性创新的理论与实证研究 [D]. 武汉：武汉理工大学, 2005.
③ 王占国. 对培养基础研究人才的一点看法 [J]. 科技导报, 2016 (34): 1.
④ 于绥生. 论基础研究原始创新的特点 [J]. 技术与创新管理, 2017 (4).

反映了原始创新的长期性和艰苦性,也反映了原始创新的偶然性[①]。原始创新尤其是基础科学研究不是沿着一条已经开辟的道路有方向地前行,而是如在茂密丛林中披荆斩棘。爱因斯坦的相对论也花了很长时间才被学术界广泛接受,以至于他第一次获得诺贝尔奖时相对论已经扬名四海,但却是因他的另一项成果光电效应而获奖,而相对论在数年后才被人们广泛接受。

(5) 衍生带动性。原始创新成果如同一只持续下蛋的母鸡,在还未被广泛接受的时候,如同母鸡的成长阶段;而当其成果被逐渐接受,特别是在基础研究的成果上有了进一步的应用基础研究成果,如同母鸡开始下蛋,致使与原始创新成果相关的领域迅速发展,基于原始创新成果的技术创新不断发明,不但开辟了新的学科体系,且最终形成庞大产业[②]。例如,量子力学在最初的数十年中主要是理论研究和实验科研,而最近当量子通信的进一步技术性原始创新成果开始涌现,量子通讯开始有了迅速形成庞大产业的明显前景。实践证明,当一项原始创新成果被广泛应用后,会在其基础上诞生成千上万的应用成果,成为庞大产业的科技源头。

(二) 原始创新的意义和效益

首先,原始创新是创新源头,原始创新成果的效益是普通技术进步的千万倍,甚至改变了人类命运。我们以化肥案例说明。

1840年,德国化学家李比希提出矿质营养学说,揭示了有机物腐烂转化无机矿物质进入土壤被吸收促进土壤肥沃的化学演变过程。这一基础研究的原始创新指出,对天然物质进行化学加工,可以显现它们的效果。在此理论指导下,1840年英国人劳斯采用硫酸分解磷矿,获得第一种化肥——过磷酸钙。1842年,劳斯在英国建立了历史上第一个化肥厂。此后,钾肥、氮肥等逐渐被发明出来,化肥工业逐渐发展成为庞大的产业,并引发了以化肥为主体的第一次近代农业科技革命。在化肥的基础上,农药以及农业机械等配套农业革命的其他原始创新出现,结果使得农业单位产出大幅度增加,全球人口因此迅速增长,丰富的农业产出为其他产业的发展奠定了基础。1949—1999年,新中国成立的50年中化肥增长了720倍,相应的粮食产量增加了4.5倍,肉类增长了27倍,而耕地面积在此期间减少了2 000万公顷,由9.75亿公顷减少到9.55

[①] 陈雅兰,张妍. 原始性创新的激励机制与制度问题研究 [J]. 科技进步与对策,2009 (4):87-90.

[②] 田倩飞,张志强,等. 科技强国基础研究投入—产出—政策分析及其启示 [J]. 中国科学院院刊,2019 (12).

亿公顷①。矿质营养学——化肥原始创新成果，使得地球耕地可以多养活数十亿人口，这一案例充分证明了原始创新具备的无限力量，它可以彻底改变人类的命运。由化肥案例可以看到，原始创新构成一系列创新的源头，随着原始创新成果的出现，相应的衍生创新、集群创新也不断涌现。整个过程如同一棵果树生长，原始创新是根，衍生创新是茎干，集群创新是枝丫，而产业成果是果树生长的果实。

其次，原始创新构成国家和企业稳定发展壮大的支撑，是国家和企业在竞争中胜出的加速器和决胜武器。以晶体管的案例说明。

1947年，美国贝尔实验室，肖克莱等用半导体锗制作出人类历史上首个晶体管——双极点接触型晶体管；1950年，贝尔实验室又研究出第一个PN结晶体管。在此基础上，晶体管科技开始迅速发展，晶体管使得电子工业的小型化集群技术创新迅速发展，1958年集成电路诞生；1961年，第一台集成电路计算机在德州仪器公司诞生；1971年，第一款微处理器在英特尔公司诞生；1973年，英特尔公司生产出第一台微型计算机。此后，随着单晶硅制备和光蚀刻等技术创新的不断涌现，晶体管集成度不断提高，计算机技术因此不断发展，价格不断下降，被广泛普及和应用，在此基础上，20世纪80年代，互联网技术创新产生，从1990年以后开始高速普及，人类迎来了信息时代，进入了一个新的历史发展阶段。晶体管—集成电路—微处理器集成电路—计算机—互联网的原始创新成果，使得美国依托IT和信息科技产业从越战后的衰落中复兴，不仅催生了英特尔、微软、德州仪器等构成美国科技核心竞争力的高科技公司，还使美国获得了依托电子产业的科技和军事优势，成为美国最后在与苏联竞争中获胜的重要因素。由晶体管案例可以总结出，原始创新在国家层面关系到国运，能够使国家获得产业优势、经济优势、科技优势甚至军事优势，从而在国家之间的竞争中领先和获胜；在企业层面则成为高科技企业突出重围，建立企业领先优势，成长为行业龙头和获得利润发展的决胜武器②。

---

① 朱希茹，许梦瑶，王芳，等. 主要磷肥产品的发展历程与展望［J］. 肥料与健康，2021，48（4）：7.

② 冯昭奎. 日本半导体产出发展的赶超与创新：兼谈对加快中国芯片技术发展的思考［J］. 日本学刊，2018（6）：29.

二、创新型人力资本

原始创新的重要,使得国家层面和企业层面都必须将原始创新放在绝对重要、关系生死的角度努力实现,而原始创新的成果必须建立在拥有一大批原始创新人才的基础上,创新型人才是原始创新能力的源泉主体①。原始创新是最高层次的创新,原始创新型人才也是创新型人才中的佼佼者。因此,发展原始创新的基础是必须拥有规模数量、高度质量,以及应用环境良好的创新型人力资本。

(一) 创新型人力资本的内涵

创新型人力资本,是建构在创新型人才基础上的,即创新型人才的获得以及依托创新型人才实现的创新成果不是无代价的,必须通过教育、培训、科研训练、提供科研设施等投资才能获得创新型人力资本。

舒尔茨将人力资本定义为个人的劳动质量,以及以个人技术知识和工作能力所展现出来的资本②。按此定义扩展,创新型人力资本可以理解为个人所拥有的人力资本发展到具备社会稀缺性,能够突破目前人类对某一领域既定科技的一定限制,创造出新的产品、工艺、技术等的高阶人力资本。纳尔逊,费尔普斯指出,创新型人力资本具有社会稀缺的创新能力③。

一般来说,创新型人力资本可以分为战略创新型人力资本、制度创新型人力资本和技术创新型人力资本④。而技术创新型人力资本中的佼佼者,才是原始创新型的人力资本。中国学者秦兴方将人力资本分为一般、专门、特殊三个层次,从这种分类出发,原始创新型人力资本属于特殊人力资本中的一类⑤。李红霞、席酉民将人力资本分为劳力型人力资本、技术型人力资本、经营型人力资本和信息型人力资本四种,并认为后三种类型的人力资本的主要特征是创

---

① 董洁,李群. 美国科技创新体系对中国创新发展的启示 [J]. 技术经济与管理研究, 2019 (8).

② SCHULTZ T W. Capital formation by education [J]. Journal of political economy, 1960, 68 (6): 571-583.

③ NELSON R R, PHELPS E S. Investment in humans, technological diffusion, and economic growth [J]. American economic review, 1965, 56 (1-2): 69-75.

④ 王锦华. 创新型人力资本与企业绩效管理 [J]. 人才开发, 2003 (12): 33-35.

⑤ 秦兴方. 按人力资本分配在分配结构中的耦合功能 [J]. 经济学家, 2003, 5 (5): 68-74.

新，属于创新型人力资本①。

从科研领域的角度，对科研人力资本进行分类，按上述分类法可将科研人力资本分为：一般型人力资本、专业型人力资本和创新型人力资本三种②。一般型人力资本在科研中基本属于辅助者，提供服务、知识存量，适合在理解科技原理后按照既有技术进行应用；专业型人力资本则对某一既有科技领域的专项有深入知识积累，可以解决该专业领域存在的普通问题和提供科技服务，通常所说的专业技术人员即属于此类；而创新型人力资本则能在某一既有学科或既有技术的基础上，推陈出新或颠覆创造，开辟新的技术或领域。在创新型人力资本中稀缺罕有的最高层次人力资本，就是原始创新型人力资本。从一般型人力资本到创新型人力资本再到原始创新型人力资本，如同一座金字塔，原始创新型人力资本就是金字塔的尖端。

（二）创新型人力资本的形成机理

人从出生、成长到工作，并不必然形成人力资本，即人力资本并非如同体力一般是完全天然赋予的。人力资本的形成有其自然禀赋，即个人天赋，但主要的是必须通过一定的投资。舒尔茨认为，一切提高劳动者素质和能力的活动和经济行为，均是对人力资本的投资③。贝克尔的"干中学"理论④指出形成人力资本主要通过教育和实践两个方面。郭星指出，创新型人力资本有一条清晰的价值链，即：创新型人力资本价值发现、创新型人力资本价值创造、创新型人力资本价值评价、创新型人力资本价值分配⑤。上述理论说明了人力资本有其成本，将人力资本与物质资本的形成按同一原理理解。

观察发现，人力资本特别是创新型人力资本形成与物质成本的形成是不一致的，同一水平的教育、培训、投资，产生的人力资本却素质不同、水平不同，最终贡献不同。因此，人力资本特别是创新型人力资本的形成是独特

---

① 李红霞，席西民. 创新型人力资本及其管理激励 [J]. 西南交通大学学报（社会科学版），2002（1）：50-54.

② 朱霜，李李. 基于创新型人力资本理论培养中国"乔布斯式"的创新型人才 [J]. 知识经济，2012（4）：28.

③ SCHULTZ T W. Investment in Human Capital [J]. The American economic review, 1961, 51（4）：1-17.

④ 加里·贝克尔. 人力资本理论 [M]. 北京：中信出版社，2007.

⑤ 郭星. 创新型人力资本价值链研究 [D]. 青岛：中国海洋大学，2012.

的，这种独特性，是人与动物的本质区别，即人拥有不同的天赋智力，又有不同的后天努力，因此即使完全一样的投资，也并不能形成完全一样的人力资本。

观察还发现，不同投资水平导致产生的人力资本平均水平是不同的，良好的教育、培训，高标准先进的科研基础设施，良好的成长环境，会比相对较差的投资产生平均更高水平的人力资本，也使产生创新型人力资本的概率大为提升。这是原始创新型人力资本培养生态的基础所在。

基于上述讨论，创新型人力资本形成机理的关键要素有三个：一是天赋智力（先天基础）；二是后天努力；三是投资培养。投资培养环节是探讨培养生态的意义所在。

投资培养环节的构成主要包括：正规教育、在职培训、健康维护、资本积累、工作实践五个环节①。正规教育，是现代社会常规地从幼儿园到博士后的教育过程，通过常年的学习，一方面积累科学基础理论和专业知识；另一方面在学习中训练初步的科研能力和形成自身特点的科研方法。在职培训指参加工作后，基于工作需要和研究方向更直接的个人职业能力的培养和训练。健康维护是保障个人具备适合创新的健康体魄、精力等，创新需要付出极大的精力，耗费高强度的体能和脑力，因此健康的身体是投资培养环节的重要因素。资本积累，即多数创新人才并非短期内可以成就，需要不断累积人力资本，叠加到一定程度才能出成果，因此不断地"干中学""学中干"，通过累积追求适时的突破。工作实践是创新型人才需要在一个适合的工作环境中，针对特定的课题工作，并创造出特殊价值。事实上，创新型人才与一般人才只有通过工作实践环节才能最终区分。以上五个环节的有效组合，才能最终形成创新型人力资本的有效投资培养环节。

综上，我们可以用下列曲线表征创新型人力资本的形成机理，如图2-1所示。

三、原始创新型人力资本的定义和特征

基于原始创新和创新型人力资本的概念，原始创新型人力资本是创新型人力资本中做出前所未有的贡献且由于源头创新带来较高经济价值的那部分人力资本。除了凝聚在创新人才身上的知识、技术、能力和健康素质外，还必须能

---

① 李广科. 区域人力资本差异的形成机制研究 [D]. 咸阳：西北农林科技大学，2012.

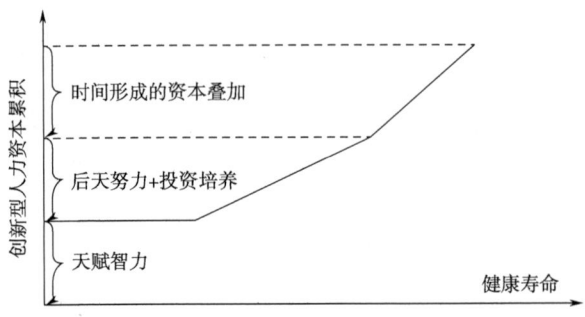

图 2-1 创新型人力资本的形成机理

够产生前所未有的经济价值,才能构成原始创新型人力资本,因此是创新人才最高质量和突破性的体现,是最精华的"活资本"。由此我们可以了解原始创新型人力资本的主要特征。

(一)总体的稀缺性和不确定性

在大量的一般性人力资本中只能产生少数的创新型人力资本,而在大量的创新型人力资本中只能产生少数的原始创新型人力资本,因此原始创新型人力资本的稀缺性不言而喻。在上述的讨论中,我们了解到,创新型人力资本的形成是在健康体能基础上的天赋智力、后天努力、培养投资作用的理想结果。即使三者都达到了良好配合,对于原始创新来说,仍然存在巨大的不确定性。例如,研究方向是否正确,研究中是否产生灵感火花,外界环境和研究条件是否适合研究方向等因素,微小的影响都可能导致原始创新的失败,不能诞生原始创新型人才。

(二)投资的高回报性和高风险性

由于原始创新型人力资本的稀缺性,投资获得原始创新型人力资本继而获得原始创新成果意味着巨大的回报,利益可能是投资的万亿倍。原始创新型人力资本形成的高度不确定性也意味着投资的高风险性。

(三)数量的"广种薄收"性和质量的"以一当万"性

原始创新型人力资本的稀缺性,需要很大规模的普通人力资本基础才能收获很少的原始创新型人力资本,是其数量上的特征。而质量上,一个原始创新型人才创造的效益可能超过成升上万的普通人才所能创造的效益,是其质量上的特征。

（四）培养的传承性和依附性

"名师出高徒"。原始创新型人才具备明显的传承性。例如，著名的贝尔实验室，仅诺贝尔物理学奖得主就有 11 位，其中 1977 年和 1978 年，以及 1997 年和 1998 年，实验室连续两次两年获得诺贝尔物理学奖，如此成果的一个重要原因，就是原始创新型人才能够在优越的环境中带动后继人才成为新的原始创新型人才，从而使得原始创新成果源源不绝，原始创新型人才将其思想、研究方法以及与其他人才的不断沟通，触发其他人才的成长，从而形成原始创新型人才层出不穷的传承。这形成一种后继原始创新型人才的依附性，后继人才依附于前行的原始创新型人才，潜移默化、跟随学习研究之下更能发展成为原始创新型人才。在这种环境下显然原始创新型人力资本的积累最迅速。

四、原始创新型人力资本培养生态的定义

1921 年，帕克和博杰斯首次提出人类生态学（Human Ecology）的概念。人才生态系统（Talent Ecosystem）是指在特定区域和时空范围内，所有各类人才群体及其生存发展的环境（自然、社会、经济、政治、科研、教育等）①。按照颜爱民的界定，人才生态系统是指各类型人力资源与周围自然和社会环境组成的物质——能量——信息系统②。马赫利斯等指出，人类生态系统的关键要素包括：关键资源（自然，社会经济和文化）、社会制度、社会周期和社会秩序（身份，规范和等级制度）③。

人才生态系统是学者借用自然生态系统的概念，描述人才培养和成长所需具备的综合环境。博比等通过构建动态的综合模型，探讨了人力资源与自然的相互作用④。类似自然生态系统由生物群落、环境气候、有机物和无机物组成，人才生态系统则由人才个体、人才群落、生存和组织环境、社会影响因素（政

---

① 黄梅，吴国蔚．人才生态链的形成机理及对人才结构优化的作用研究［J］．科技管理研究，2008，28（11）：3．

② 颜爱民．人力资源生态系统导论：系统的初步构建与应用研究［M］．北京：经济管理出版社，2011．

③ MACHLIS G E, FORCE J E, BURCH W R. The human ecosystem part I: The human ecosystem as an organizing concept in ecosystem management ［J］. Society & natural resources, 1997, 10 (4): 347 - 367.

④ BOBBI, COSTANZA R, OSTROM E, et al. Human - ecosystem interactions: a dynamic integrated model ［J］. Ecological economics, 1999, 31 (2): 227 - 242.

治、科技、经济、文化)形成生态架构。这些系统要素之间的相互作用形成了人才生态的培养系统。德奥拉利卡尔等以亚洲金融危机为背景,从教育、技术投资、政府政策三个方面分析了亚洲经济体在人力资源生态建设存在的空白[①]。黄梅、吴国蔚建立了创新型人才开发的生态模型,从外部环境(种群边界之外的环境)、边界(种群之间的边界)、内部环境(种群边界之内的环境)三个角度,分析了对创新型人才开发的影响[②]。杨凡、吴红云从个体特征、种群关系、外部环境三个方面,对创新型人才成长体系研究的可能性进行了论证[③]。孔德议、张向前分析了宏观环境(政治、经济、科技、文化、自然)和微观环境(家庭、启蒙教育、高等教育、工作组织)对创新型人才成长的影响[④]。

人才个体是系统的基本单元,原始创新型人才个体无疑是人才个体中特殊卓越的一类,个体之间具备不同的需求和知识技能特点,具备不同的天赋。个体的特征在环境、教育和社会影响下会出现才智进化或退化的现象。

人才群落是各类人才组成的群体。在一个群体之内或多个群体之间,人才会发生相互的作用和影响,诸多原始创新型成果并非仅依靠某个个体自身的顿悟或创造,而是个体在其他个体或人才群落成果和思想的影响下发生和发展的。一个群体之内或多个群体之间形成的合作和竞争,在当代科技进化中起着越来越重要的作用。随着科技的发展,诸多原始创新型的成果已经越来越难以依靠单个人的天才获得,而是在天才领导下的团体合作取得的。天才的启发有助于群落中产生其他原始创新型人才。

生存和组织环境是影响人才产生、生存、进化,以及发挥作用取得成果的环境系统,包括:教育体系、人才培养机构、人力资本投资机构、使用人才的组织科研水平和培养环境、人才流动平台、科研基础设施、科研经费等。良好的生存和组织环境,可以形成良好的人才发展链,包括初始的知识和能力吸

---

① DEOLALIKAR A B, HASAN R. Human resource development and the Asian economic crisis facts, issues and policy [M]. Washington: University of Washington, 1999.

② 黄梅,吴国蔚. 生态学视角下的创新人才开发路径研究 [J]. 科技进步与对策,2008,25 (12): 222 – 226.

③ 杨凡,吴红云. 基于生态学视阈的创新型人才成长体系初探 [J]. 成都师范学院学报,2010, 26 (9): 7 – 9.

④ 孔德议,张向前. 基于生态管理理论的创新型人才成长环境研究 [J]. 生态经济,2012 (11): 175 – 179.

收,继而知识和能力在组织中的应用,最后的知识和能力的再吸收、再培养、再提高。生存和组织环境对人才成长相容性好,人才发展链运作良好,才能促使人才的普遍良性发展,并最终提高原始创新型人才的产生概率。

社会影响因素是政治、经济、文化、科技共同作用的影响系统。加恩等研究发现,家庭因素对创新人才的生态因素影响较低,而经济机会、个人关系网和专业关系网对创新型人才的成长至关重要①。政治清明并鼓励教育和科研,经济发达能提供良好的科研设施及经费,科技具备良好基础可以在高起点上进步。凡此各种社会形成的正向影响因素,都有利于人才的培养和产生,有利于提高人才的才能发展,从而提高原始创新型人才的产生和发展。反之,若社会影响因素是提供负向刺激,那么结果也是相反的,社会难以培养出原始创新型人才。

综上所述,原始创新型人力资本培养生态就是作为个体的人才,特别是原始创新型人才在外部环境的影响下,使其天生禀赋得到正向或负向刺激,导致原始创新型人才天赋智力的进化或退化,进而影响原始创新行为和结果的环境体系。人才主体(个体和群落)、生存和组织环境体系、社会影响环境体系构成了原始创新型人才培养生态系统的外部三大要素系统。三要素共同作用是人才特别是原始创新型人才得以产生的基础。人才生态系统如同自然生态一样具备物质循环、能量流动和信息传递的功能特点②。

第二节　国内外研究综述

一、原始创新相关研究综述

根据本书对原始创新文献的研究,在此将相关文献分为内涵研究、能力研究、生态研究和模式研究四个领域做简要介绍。

(一) 原始创新相关内涵研究

熊彼特从经济学角度首次定义了"创新"概念,他认为,创新是某种科技

---

① GARN A C, MATTHEWS M S, JOLLY J L. Parental influences on the academic motivation of gifted students: A self-determination theory perspective [J]. Gifted child quarterly, 2010, 54 (4): 263-272.

② 刘冬梅,汪波,张保银. 基于生态位理论的高新区科技人才流动现象探究 [J]. 软科学, 2010 (6).

成果的首次应用,是对生产体系的要素新引进或新组合,由企业作为主体和企业家作为主角实施①。马佐斯基在《产品创新中的创造力》中指出,原始创新是系统内部要素驱动决定,是通过有效方式降低系统复杂性,具有难以预测性和较高动态性,原始创新是根本性创新,易于形成新常规科学②。库恩在著名的《科学革命的结构》中指出,他反对科学知识的增长是直线式的积累,认为科学的发展模式可以表达为:一个从前科学—常规科学—危机—革命—新常规科学的流程。原始创新就是从危机到革命再到产生新常规科学的过程。因此,原始创新是对常规科学的颠覆,是在科学逐渐积累的基础上,带有一定突变性的形成全新研究领域的过程。原始创新的过程是形成一种"范式"(Paradigm),即公认的模型或模式,对某一学科或领域提出一整套规范,原始创新奠定这套规范的基础,又为后来的科技人员留下待解决的问题和发展余地③。祖克曼在研究诺贝尔奖历史的著作《科学精英》中,研究了基础性原始创新的主体和成果的主要表现形式。他指出,优秀的科学家大都出自名师之门,"名师出高徒"是原始创新型人才产生的重要途径④。司托克斯等在《基础科学与技术创新:巴斯德象限》中指出,原始创新的基础研究通常由应用引起,而应用性的原始创新,包括新产品和新工艺等,又是以基础性的原始创新,即新概念和新原理等为基础的⑤。马莱基认为,技术变革是一个演进的过程,许多技术变革是在公司内部以及地区和国家内部累积后形成原始创新成果。原始创新带来的不是经济增长而是经济发展。前者指的是特定区域内人口、商品和服务数量或价值的增加,而经济发展是质的改善⑥。弗里曼首次提出"国家创新体系"概念。他在研究日本经济奇迹的过程中认为,日本科技进步和经济绩效有赖于其高效完备的国家创新体系⑦。其后,伦德瓦贝等人继续

---

① 约瑟夫·阿洛伊斯·熊彼特. 经济发展理论 [M]. 北京:中国商业出版社,2009.
② MAZURSKY D. Creativity in product innovation [J]. Innovation, 2003, 5 (1): 94 – 96.
③ KUHN T S. The structure of scientific revolutions [J]. Physics today, 1962, 16 (4): 69 – 69.
④ ZUCKERMAN H. The UPWARD PATH. Scientific elite: Nobel laureates in the United States [J]. Science, 1977 (196): 754 – 755.
⑤ STOKES D, 周春彦, 等. 基础科学与技术创新:巴斯德象限 [M]. 北京:科学出版社, 1999.
⑥ MALECKI E J. Technology and economic development: The dynamics of local, regional and national change [J]. Economic geography, 1997, 69 (1): 94 – 96.
⑦ FREEMAN C. Long swings in economic growth [M] The New Palgrave Dictionary of Economics, 1987.

发展了国家创新体系的理论,并对各国创新体系进行了比较研究①。

中国学者从20世纪80年代开始研究原始创新问题。徐冠华提出,原始创新是研究开发,特别是基础研究和战略高技术研究方面前所未有的发现和发明。他提出了创新周期理论,认为原始创新意味着一个新的创新周期的开始②。张开逊指出,原始创新的特点是具有基础性和突破性,其意义是能够在很大程度上推动人类进步,原始创新的成果需要经得起历史考验③。张婵爱等将创新视为基础研究的本质,而原始创新则是创新的最高层次,可以视为基础研究的灵魂。原始创新的特征通常表征为新的研究方法、新的知识、新的现象、新的规律、新的技术原理,并形成一套基础创新的新的基础知识和研究体系④。叶鑫生将原始创新视为源头的创新,认为其具备原始性(originality)和唯一性(uniqueness),即原始创新虽然产生于以往知识的基础上,但又成为新的源头,构成新的发展基础⑤。方勤学则强调从功能性理解原始创新,认为原始创新突破了原有基本概念和基本规律,因此功能上往往开拓科研新领域,或者革新新产品,或者降低旧产品的成本⑥。

理解上述国内外学者对原始创新内涵的理解,可以认为,原始创新一方面主要集中于科学和技术的基础研究;另一方面必须对后继研究或产业发展等起到深远影响。学者对原始创新内涵的理解又派生出"国家创新体系"等理论。

(二)原始创新相关能力研究

在原始创新能力方面,西方研究主要集中于原始创新的绩效研究,目前,中国由于原始创新能力的欠缺,研究集中于原始创新的能力形成和缺陷弥补。

格里利切斯在芝加哥大学的研究发现,以杂交谷物为例,创新研究回报率

---

① LUNDVALL B A, JOHNSON B. The learning economy [J]. Industry and Innovation, 1994, 1 (2): 23 - 42.

② 徐冠华. 重视基础研究,推动原始性创新 [J]. 中国科技奖励,2001,9 (2).

③ 张开逊. 理解科学审视技术 [J]. 科协论坛,2001 (1): 38 - 40.

④ 张婵爱,王向荣,冯有斌. 加强原始性创新促进基础研究的发展 [J]. 山西高等学校社会科学学报,2002,14 (10): 36 - 37.

⑤ 叶鑫生. 源头创新小议 [J]. 中国科学基金,2001 (2): 113 - 114.

⑥ 方勤学. 大力支持和开拓源头创新:从物理研究探讨源头创新 [J]. 科技导报,2001,19 (105): 17 - 19.

高达700%，对整体公共研究与开发投资回报率的估算为20%~40%①。墨菲等发现，原始创新导致的美国心脏病死亡率下降为美国经济创造了1.5万亿美元的效益，实证了医学研究突破带来的巨大效益②。格莱克等作为欧洲专利局的两任经济学家，研究了16个发达国家，估算得出投入大学和政府实验室的公共资金每增加1%，社会生产力可以增加0.17%的结论③。埃德温等曾在1991年估算基础研究的10年期社会回报率为28%④。他们的研究被很多学者质疑。虽然他们对基础研究的回报率估算的很低，但在1998年及其后的研究中，他们指出随着时代的发展，基础研究对产业发展的重要性在递增，缺乏基础研究会导致产业界部分新产品和新工艺等不会被开发，也影响创新产品和创新服务。

中国学者的研究多集中在对原始创新的评价、原始创新能力不足原因研究和对提升原始创新能力对策研究方向⑤，一部分学者从生态学角度研究了人才培养问题。

顾海兵认为，基础性原始创新成果的评价，可以通过发表文章被检索和引用情况判定价值⑥。陈雅兰等指出，中国长期科技与经济结合密度不高，因而科技进步对经济增长的贡献度不足，反过来导致社会对原始创新的重要性认识不够，加之中国科研体系存在较多弊端，分配制度、学术交流、科研行政化、科研投机严重、科研心态浮躁、缺乏科学精神、科研方法落后等矛盾显著，都是导致中国原始创新落后的因素⑦。于绥生提出，原始创新具有探索性和不确定性，推动原始创新的动力是多维的⑧。李海超等认为，原始创新对经济发展

---

① GRILICHES ZVI. Research costs and social returns: hybrid corn and related innovations [J]. Journal of political economy, 1958, 66 (5): 419 - 431.

② MURPHY KEVIN, RUSSELL A BARKLEY. Attention deficit hyperactivity disorder adults: Comorbidities and adaptive impairments [J]. Comprehensive psychiatry, 37 (6).

③ GUELLEC D, POTTERIE B V P D L. The impact of public R&D expenditure on business R&D [J]. ULB institutional repository, 2003, 12 (3): 225 - 243.

④ EDWIN, MANSFIELD. Academic research and industrial innovation: an update of empirical findings [J]. Research policy, 1998.

⑤ 苏屹、李柏洲，原始创新研究文献综述 [J]. 科学管理研究, 2012 (4).

⑥ 顾海兵. 摒弃集权式学术管理制度 [J]. 科学管理研究, 2002 (4): 39 - 45.

⑦ 陈雅兰，郭伟锋. 原始性创新的外部效应及其控制 [J]. 科学学研究, 2006, 24 (4): 612 - 617.

⑧ 于绥生. 原始创新的持续动力问题研究 [J]. 管理学刊, 2015 (5): 51 - 54.

的影响是有限的,原始创新成果只有通过企业群扩散出去,形成产业突破,才能对经济发展产生巨大影响,因此,原始创新的后续过程比原始创新本身更重要①。

陈宜瑜研究了提升原始创新能力的要点,包括:集中科研重点方向、加强国际合作、规避低水平重复、注重经费效率、引进原始创新人员、加强不同学科交互渗透、建立多元原始创新投入体系、改善原始创新社会环境等②。王猛等研究了影响企业原始创新的因素,提出企业原始创新的成功需要创新人才的创新信念和企业的创新意识,同时还包括:企业创新文化、激励机制等内部因素和国家创新氛围、政策支持等外部因素③。徐建中等认为,企业原始创新存在不确定性。这些不确定性是由结构因素、规模因素、人为因素、政府因素、市场因素、合作因素共同作用而产生的④。任元彪分析了造成原始创新动力缺乏的原因,认为原始创新是其他创新形式的基础,但不是每个企业在任何时候都愿意进行原始创新,因此造成了原始创新在创新活动中的逻辑地位很高,但在企业创新活动中的实际地位却比较低,这种不匹配使得原始创新活动缺乏动力⑤。李海超等通过构建高科技产业原始创新能力评价指标体系,并对5个具有代表性的高科技行业的原始创新能力进行评价,分析得出原始创新能力的发展是一个系统的过程,需要从人才培养、研发能力、资金投入等方面协同优化⑥。李柏洲等针对大型企业的原始创新能力,从投入能力、产出能力、核心能力、实施能力和原始创新环境支撑五个方面进行评价,得出在原始创新活动中,外部环境对创新的影响是非常大的⑦。

---

① 李海超,王昕怡. 高技术产业原始创新实现路径研究 [J]. 华东经济管理,2013 (8):89 - 92.

② 陈宜瑜. 必须准确把握科学基金在国家创新体系中的战略定位 [J]. 审计与理财,2005 (12):79 - 79.

③ 王猛,张永安,王燕妮. 企业原始创新影响因素解释结构模型研究 [J]. 科技进步与对策,2016,30 (6).

④ 徐建中,赵斯亮. 基于系统动力学的企业原始创新不确定性研究 [J]. 科技进步与对策,2011,28 (3):93 - 96.

⑤ 任元彪. 原始创新动力问题探讨 [J]. 科学学研究,2007 (S1):6 - 9.

⑥ 李海超,张赟,陈雪静. 我国高科技产业原始创新能力评价研究 [J]. 科技进步与对策,2015 (7):118 - 121.

⑦ 李柏洲,董媛媛. 基于层次分析法的我国大型企业原始创新能力评价研究 [J]. 科技进步与对策,2010,27 (1).

理解上述国内外学者关于原始创新能力的相关研究可以发现，多数学者对于原始创新的贡献评价很高，对于提升原始创新能力，促进国家创新体系发展具有高度一致的意见。

（三）原始创新相关模式研究

罗斯韦尔等总结指出，与原始创新密切相关的产业创新模式的更替，自20世纪50年代到90年代经过了五轮变迁①。分别是：

第一轮：美国国会《布什报告》（1945）首先定义了技术推动的线性模式（Liner Model of Technology Pushing，LMTP）。该模式认为从初始基础研究到最终市场销售，各环节之间遵循直线关系，如图2-2所示。

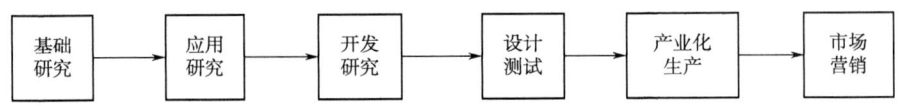

图2-2 技术推动线性模式

第二轮：施莫克勒基于对技术推动模式的批判，提出了需求拉动或市场拉动的线性模式（Liner Model of Demand Pulling，LMDP）。该模式认为市场因素，即市场增长和市场潜力是决定创新发明速度与方向的主要因素，即技术创新由市场需求引发②。

第三轮：技术与市场的耦合模式（Coupling Model of Technology and Market，CMTM）强调基础研究与市场的共同作用是决定创新成功的关键因素。相关研究以链环模式和巴斯德象限模式最为著名。克莱恩等提出链式—回路模式，列出了五条创新路径，包括：中心链即传统线性链、系列反馈链、科研与发明设计之间通过知识的链环回路、科研与发明设计的直接链、技术创新成果到科技的反馈链③。如图2-3所示。司托克斯提出巴斯德象限模式，注重应用启发的基础研究（use-inspired basic research），认为在很大程度上科研的原始创新与

---

① ROTHWELL R, DODGSON M. External linkages and innovation in small and medium-sized enterprises [J]. R&D management, 1991, 21 (2): 125-138.

② SCHMOOKLER J. Invention and economic growth [J]. The economic history review, 1966, 20 (1): 135.

③ KLINE S J, ROSENBERG N. An overview of innovation, The positive sum strategy: Harnessing technology for economic growth [M]. Washington, D C: National Academy Press, 1986.

知识应用的目的是并存的，认识世界和改变世界两者都触发原始创新[①]。他通过一个二维矩阵模型描述了技术与市场的耦合推动，典型的技术推动被称为玻尔式创新，是纯粹的自由思想；典型的需求拉动被称为爱迪生式创新，两者的耦合被称为巴斯德式创新，将认识世界与应用研究结合。如图2-4所示。

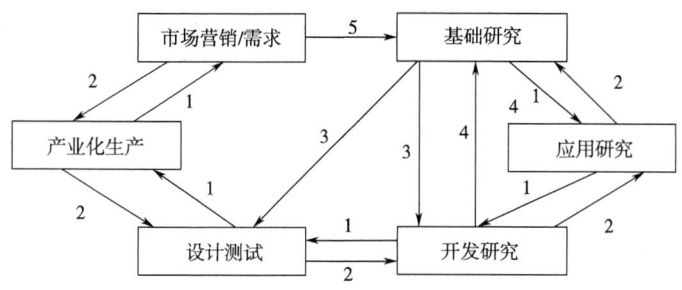

图2-3 链式—回路模式

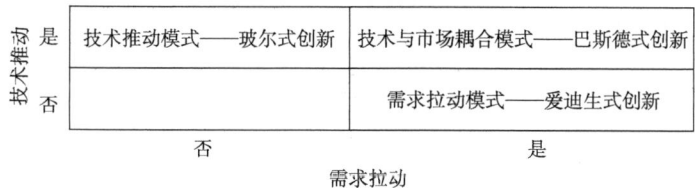

图2-4 斯托克斯二维矩阵模式

第四轮：技术创新的整合模式（Integration Model，IM）。罗斯韦尔指出，由于技术飞速发展，企业认识到技术创新中必须对所有资源加以整合，因此需将技术创新视为企业内部职能，与开发、制造、营销等其他企业内部职能并行运作，且需与上下游企业和用户等外部进行横向的合作，这种"并行与横向"构成IM模式的核心[②]。

第五轮：系统集成与网络化模式（System Integration and Network Model，SINM）。伦德瓦尔认为，在信息时代已经来临，信息系统和技术广泛应用的背

---

① STOKES D, 周春彦, 等. 基础科学与技术创新：巴斯德象限[M]. 北京：科学出版社, 1999.

② ROTHWELL R. Successful industrial innovation: critical factors for the 1990s[J]. R & D management, 1992, 22(3)：221-240.

景下，创新系统需要应用信息技术实现系统集成和网络化，将信息与资源网络化组织，形成跨越式的技术创新网络①。

上述五轮变迁基本概括了西方学者对原始创新模式的研究。中国学者进一步对原始创新模式的主体等方向进行了研究，例如，夏承禹认为，中国大型企业目前在原始创新模式方面存在较多问题，包括观念和机制陈旧、创新主体错位、缺乏培养原始创新型人才的体系、行政化严重等缺陷。建议协调原始创新与激励机制营建，并理顺适应原始创新发展的环境②。马跃对适合原始创新科研选题的管理模式进行了研究，提出科技项目分类管理、建立基础科学研究管理模式等相关建议③。

二、人力资本相关研究综述

国内外对人力资本相关理论研究已较为深入。本书仅对与创新型人力资本培养生态领域有关联性的研究简要介绍。

（一）西方学者对人力资本研究的综述

1. 人力资本概念的产生和初步发展

亚当·斯密初步建构了人力资本思想，将人力资本，即国家居民和成员的有用能力，作为固定资本的一部分。人力资源的有用能力通过学校和学徒获得，和生产一样具有成本，因此，亚当·斯密将人力资本视为固化在个人自身并已实现的资本④。萨伊强调人才特别是具有特殊才能的企业主，能够在生产中发挥特殊作用⑤。李斯特提出精神资本概念，视之为智力积累和成果⑥。马歇尔认为，教育可以开发智力，教育投资是发挥个人潜在能力所需的开端，因此人力资本有其成本。培养出一个天才的价值，可能超过整座城市的教育费用⑦。

---

① LUNDVALL B A, JOHNSON B, et al. National systems of production, innovation and competence building [J]. Research policy, 2002, 31 (2): 213 – 231.
② 夏承禹. 试论国兴科教 [J]. 科学学研究, 1999, 17 (2): 1 – 8.
③ 马跃. 科研管理模式与原创性科研选题的关系 [J]. 技术与创新管理, 2006, 27 (2): 15 – 18.
④ 亚当·斯密. 国富论 [M]. 江苏：译林出版社, 2016.
⑤ 萨伊. 政治经济学概论：财富的生产, 分配和消费 [M]. 陈福生, 陈振骅, 译. 北京：商务印书馆, 2009.
⑥ 弗里德里希·李斯特. 政治经济学的国民体系 [M]. 邱立伟, 译. 北京：华夏出版社, 2013.
⑦ 阿尔弗雷德·马歇尔. 经济学原理 [M]. 朱志泰, 陈良璧, 译. 北京：商务印书馆, 2019.

2. 现代人力资本理论

舒尔茨正式建立了人力资本理论，认为人力资本是现代社会促进国民经济增长的主要因素，人类未来取决于人口质量和知识投资，技术进步使得国民财富增长远超资源耗费，而要形成人力资本，投资极其关键①。舒尔茨的理论是本书研究人力资本主要依据的理论之一。丹尼森通过实证计量，阐述了美国从1929—1957年经济增长的23%来自教育投资，即人力资本的投资贡献，劳动力质量提高对美国人均国民收入增长的贡献达到42%②。明塞尔从收入分配领域分析了人力资本投资收益性。他认为，国民收入的增长和收入差距缩小的根本原因来自人力资本投资的结果③。贝克尔系统化了现代人力资本理论，作为新自由主义经济学家，他信奉资本概念的普适性，认为资本除了物质资本，还包括人力资本，人力资本集成到个人身上，主要由直接成本和机会成本构成，直接成本主要包括普通教育、培训和继续教育等教育成本；机会成本主要因教育而牺牲的工作收入，因而人力资本是个人集成的知识、技能和健康的存量总和④。霍夫斯坦等认为，企业的人力资本和社会资本，特别是高层和董事会层级的人力资本和社会资本，有助于提高企业对竞争环境的意识，以及采取众多复杂而有力的竞争行动的能力⑤。

3. 人力资本理论的发展

宇泽弘文建立了以生产部门和教育部门为新古典经济增长两部门模型，被普遍认为是最早的人力资本增长模型⑥。罗默等将技术进步内生化，将知识作

---

① SCHULTZ T W. Capital formation by education [J]. Journal of political economy, 1960, 68 (6): 571－583.

② DENISON E F, INSTITUTION B. Accounting for United States economic growth, 1929－1969 [M]. Brookings Institution, 1974.

③ MINCER J. On－the－job training: Costs, returns, and some implications [J]. Journal of political economy, 1962, 70 (5): 50－79.

④ BECKER G S. Investment in human capital: A theoretical analysis [J]. Journal of political economy, 1962, 70 (5): 9－49.

⑤ OFFSTEIN E H, GNYAWALI D R, COBB A T. A strategic human resource perspective of firm competitive behavior [J]. Human resource management review, 2005, 15 (4): 305－318.

⑥ UZAWA H. Optimal growth in a two－sector model of capital accumulation [J]. Review of economic studies, 1964, 31 (1): 1－24.

为经济增长模式的独立要素或变量,认为知识积累是促进经济增长的要素。知识要素具有外溢性,使得资本收益率可以是资本单调递增函数①。他的理论成为解释现代发达国家与发展中国家经济增长差距扩大的有影响力的说法。卢卡斯建立了人力资本积累增长模型,公式表述为:$H = h(t) \times \delta [1 - u(t)]$。式中:$H$ 代表人力资本增量,u 为生产时间函数,δ 是产出系数或产出弹性,$1 - u(t)$ 代表教育耗费时间。根据公式,人力资本增量在教育耗费时间为零时没有增长,在教育耗费时间占据全部时间时增长最大。该模型强调了教育积累人力资本,人力资本促进经济增长②。斯科特认为,资本投资决定技术进步,他主要强调技术进步必须依赖于对人力资本的投资,强调知识和技术积累影响劳动力的质量和效率③。

综合看,西方学者对人力资本理论的研究,从各角度将知识能力作为经济增长的重要因素甚至主要因素。按照他们的观点,人才质量的不同导致对经济增长的贡献不同,高质量劳动力代表更高的劳动生产率,提高人才质量是实现经济增长的重要途径。研究充分说明了作为高端人才的原始创新型人力资源对经济发展和社会进步的重要性。

(二) 中国学者对人力资本研究的综述

中国学者对人力资本的相关研究,起源于 20 世纪 80 年代,学界多以舒尔茨人力资本定义为基础展开研究,在概念定义上较为一致。中国学者的研究主要集中在分析人力资本结构、人力资本培养的缺陷,人力资本对经济增长的贡献等方面。

1. 人力资本结构分析

李杰认为,人力资本的投资集中在教育、培训和科研方面,而非体力投资,因而分析中国人力资本差距主要考虑教育相关投资的差距才能更准确④。胡树红认为,不同主体构成人力资本投资的主体结构,各子系统间互动影响,某子系统的偏差将影响整体系统即人力资本存量形成,因此应优化人力资本投资结构⑤。蒋太才等提出,国家、企业、个人三大人力资本投资构成体系,首

---

① ROMA, P. M. Increasing returns and long-run growth [J]. Journal of political economy, 1986, 94 (5): 1002-1037.

② LUCAS R. On the mechanics of development planning [J]. Journal of monetary economics, 1988 (22).

③ SCOTT M. A new view of econmic growth [Z]. Woured Bank Working Paper, 1991.

④ 李杰. 中国人力资本投资的内生增长研究 [J]. 世界经济, 2001 (4): 21-25.

⑤ 胡树红. 企业人力资本投资主体结构与人力资本结构优化 [J]. 暨南学报 (哲学社会科学版), 2001, 23 (2): 86-92.

次提出需要基于不同投资主体形成多元人力资本投资构成体系①。余长林将人力资本投资结构简化为教育和健康投资两部分，在此基础上建立内生经济增长模型，研究认为，人力资本的投资结构效率与经济增长正相关，结构与投资存量共同对经济增长构成重要影响②。王晓丹等认为，除了人力资本存量对经济增长的促进作用外，也取决于人力资本配置结构的有效性③。

2. 中国人力资本缺陷分析

周其仁主要指出了中国现行体制障碍对人力资本质量的不利影响，包括：过度行政化、投资体制单一、就业体制僵化、人力流动机制缺乏等④。张凤林研究指出，中国人力资本结构不合理，低层次人力资本比重极大，高智能、高技术人力资本比重极小，严重影响人力资本的整体效率，且人力资本利用效率低下⑤。夏业良研究了由于经济收入落后导致的人才外流对高素质人力资源的影响，包括中国高素质人力资本流向国外和中西部高素质人力资本流向沿海⑥。

3. 人力资本对经济增长的贡献分析

于洪平等强调人力资本投资重要程度超过物质资本，是最基本和最有价值的投资，应优先进行⑦。侯风云提出政府人力资本投资旨在弥补企业和高校人力资本投资的不足和偏差，消除市场行为造成的总体人力资本缺陷。可以通过政府财政投资引导人力资本的形成方向⑧。夏业良认为，人力资本投资和转移中也具有后发优势，通过创造局部优势条件吸引人才，可以节约成本，产生递

---

① 蒋太才，宋小敏，朱春兰. 企业人力资本培训投资效益的综合评估研究 [J]. 改革与战略，2006 (8)：117-119.

② 余长林. 人力资本投资结构与经济增长：基于包含教育资本、健康资本的内生增长模型理论研究 [J]. 财经研究，2006 (10)：103-113.

③ 王晓丹，金喜在，等. 基于 DEA 方法的人力资本结构效率评价 [J]. 税务与经济，2008 (3)：36-41.

④ 周其仁. 市场里的企业：一个人力资本与非人力资本的特别合约 [J]. 经济研究，1996 (6)：71-79.

⑤ 张凤林. 优化教育投资 提高人力资本开发效率 [J]. 中共沈阳市委党校学报，1999 (1)：39-43.

⑥ 夏业良. 论人力资本投入与转移中的"后发利益" [J]. 市场与人口分析，1999 (5)：14-17.

⑦ 于洪平，刘月. 论人力资本优先投资 [J]. 财经问题研究，1997 (5)：22-25.

⑧ 侯风云. 人力资本形成中的政府投资主体考察 [J]. 宏观经济研究，1998 (11)：27-31.

增性人力资本增加和带动效应①。胡宏兵通过对中国各地区数据进行分析发现，教育人力资本对经济增长的解释力非常有限，大多数地区教育人力资本对经济增长的促进作用并不明显，出现这种情况的重要原因是对物质资本投入的重视和对人力资本投入的忽视②。袁富华等将人力资本划分为初级人力资本、第二级人力资本和第三级人力资本。他们认为，中国现阶段面临着第二级人力资本"壅塞"且质量有待提高和第三级人力资本积累严重不足，实现人力资本的梯度升级对未来经济转型成功至关重要③。赵晓军等提出，不同经济发展阶段对不同类型人力资本的需求差异较大，现阶段创新型人力资本的投资对中国经济增长作用巨大，而其他类型的投资无明显作用甚至产生负影响④。

三、原始创新生态系统研究综述

在原始创新生态系统方面，国外主要集中于促进企业创新发展方面的研究，而国内主要集中于对教育、企业等单一生态系统的研究。

总统科技顾问委员会（PCAST）指出，美国的技术和创新领导地位取决于有活力的动态创新生态系统，而创新生态系统的健康取决于国家的研发能力、劳动力的教育状况、创业氛围以及基础设施的改善⑤。谢克·匜若认为，企业发展需要访问遍布全球的知识网络，以开发和获取必要的创新技术，由此促使企业通过创新平台贡献自己的创新技术和获取其他企业的创新技术。这些平台组成了有利于创建不同类型新企业的创新生态系统⑥。埃斯特琳通过分析硅谷的兴旺和衰退，提出创新生态系统的三大群落：研究、开发和应用⑦。维克多·

---

① 夏业良. 论人力资本投入与转移中的"后发利益"［J］. 市场与人口分析，1999（5）：14－17.

② 胡宏兵. 教育人力资本促进经济增长的效应研究：基于抽样面板因果检验方法的实证分析［J］. 教育研究，2014（10）：48－56.

③ 袁富华，张平，陆明涛. 长期经济增长过程中的人力资本结构：兼论中国人力资本梯度升级问题［J］. 经济学动态，2015（05）：13－23.

④ 赵晓军，余爽. 改革开放以来中国经济发展阶段与人力资本结构研究［J］. 经济科学，2020（1）：5－20.

⑤ PCAST. Sustaining the nation's innovation ecosystem, information technology manufacturing and competitiveness［R］. President's Council of Advisors on Science and Technology, 2004.

⑥ ZAHRA S A, NAMBISAN S. Entrepreneurship in global innovation ecosystems［J］. AMS review, 2011, 1（1）：4－17.

⑦ ESTRIN J, 闾佳. 美国创新在衰退？［M］. 北京：机械工业出版社，2009.

黄将硅谷比作一个不断产生和进化新技术和新商业模式的雨林，硅谷的创新得益于硅谷的独特生态①。阿德纳指出，创新生态系统可以使公司创造任何一家公司都无法独自创造的价值②。

刘贵华、朱小蔓认为，自然、社会和教育系统有共同遵循的生态学原则，生态思维模式更贴近教育形态，生态智慧可以应用于教育研究，生态学的方法论对教育研究有很强的适切性③。潘懋元从系统科学的观点阐述了高等教育系统与社会大系统之间保持着密切的人力、资源、信息交换关系④。贺祖斌在高等教育系统分析生态观的基础上，分析了中国高等教育的承载力、生态区域发展、生态环境以及生态平衡等问题，并进一步建构了高等教育系统质量控制的方法和模型，提出生态可持续发展是高等教育的发展之路⑤。杨同毅以人才培养的角度分析了高等学校的课程生态、专业生态、师资生态、管理制度生态，并进一步提出了维护高校人才培养生态稳定、平衡、协调、发展的生态保育策略⑥。李万等提出创新范式已经进入 3.0 时代，即创新生态系统时代，预计中国在 2021—2022 年对"国家创新生态系统"有一个完整的框架，并且延续到 2030—2050 年⑦。依此背景，应该进一步提出开展国家层面创新生态系统研究，培育区域创新生态系统，引导企业培育创新生态系统，发展以用户为中心的需求侧创新政策，探索政府自身管理创新与治理能力提升，等等。

梳理上述国内外学者关于原始创新生态系统的相关研究可以发现，建设创新型国家已经发展到原始创新生态系统阶段，而原始创新生态系统是一个复杂的系统，需要在多方面建立和完善。

---

① HWANG V W, HOROWITT G. The rainforest: The secret to building the next Silicon Valley [M]. Createspace Independent Publishing Platform, 2012.

② ADNER R. Match your innovation strategy to your innovation ecosystem [J]. Harvard business review, 2006, 84 (4): 98 – 107, 148.

③ 刘贵华, 朱小蔓. 试论生态学对于教育研究的适切性 [J]. 教育研究, 2007 (7): 3 – 7.

④ 潘懋元. 多学科观点的高等教育研究 [J]. 高等教育研究, 2002 (1): 13 – 20.

⑤ 贺祖斌. 高等教育生态论 [M]. 桂林: 广西师范大学出版社, 2005.

⑥ 杨同毅. 高等学校人才培养质量的生态学解析 [D]. 武汉: 华中科技大学, 2010.

⑦ 李万, 常静, 等. 创新3.0与创新生态系统 [J]. 科学学研究, 2014, 32 (12).

第三节 原始创新型人力资本相关理论

一、人力资本理论

人力资本理论作为劳动经济学的核心理论,在前面回顾原始创新型人力资本培养的相关文献综述中,已简述了关于国内外人力资本理论研究的情况,重点探讨了舒尔茨人力资本理论,以更好地以舒尔茨人力资本理论为基础,研究中国原始创新型人力资本的培养生态。

舒尔茨人力资本理论的主要内容包括三点。

(1) 人力资源是经济发展一切资源中的核心资源。舒尔茨推翻了以往经济学以物质资本相关内容为主要研究对象的传统理论,认为因为人力资源是经济发展中的核心资源,因此人力资本是经济学研究的核心问题。

(2) 人力资本在经济增长中的效用大于物质资本。这种效用差距随着科技的发展更加扩大。舒尔茨认为,传统经济学对物质资本的研究,强调空间、能源和土地的资本构成并不能决定人类前途,人类前途主要由人类才智来决定。在此基础上舒尔茨发展了人口理论,即人口数量和质量可以互换,减少生育必须以优育儿童为前提。

(3) 当代劳动生产率的提高主要是人力资本大幅增长的绩效。舒尔茨重点研究了日本和德国在第二次世界大战后仅用15年就重新崛起的原因,指出重点在于他们重视人力资本投资。舒尔茨指出,发达国家人力资本积累速度远快于落后国家,是当代造成经济发展差距的核心因素。舒尔茨认为,最近数十年,国民收入增长远超物质资源增长,劳动者实际收入增长明显,原因就是人力资本增长远超物质资本增长。人力资本形成已成为现代经济中最突出的特征。

二、创造力培养相关理论

原始创新型人才并非凭空而来,原始创新型人才是教育培养人才中的佼佼者。因此,原始创新型人力资本的培养生态,最重要的就是创造性教育和培养的机制。

(一) 创造教育学(杜威)理论

约翰·杜威(John Dewey)是美国著名的实用主义哲学教育思想的奠基

人，他的进步主义教育运动逐渐发展成为创造教育学。

杜威的教育思想主要包括五点。

（1）教育即生活、学校即社会。教育是现在生活的过程而非为生活的准备，最好的教育是从生活和经验中学习，教育即给予学生保证生长和生活的条件。儿童的发展必须是原始本能的生产过程。学校则是社会生活的一种形式，给学生提供雏形社会状态。

（2）做中学。从活动、经验中学习，学生从感兴趣的活动中学到的最多。

（3）思维5步：疑难产生、疑难确认、解决疑难的假设、假设推断、验证或修改假设。

（4）以学生为中心，而非以教师为中心。

（5）进步教育（progressive education）。杜威反对传统教育，认为传统教育忽略学生的天赋，而以外在和压制性习惯取代学生的自然禀赋，培养出的是知识的旁观者，造成"知行分离"。杜威主张"知行合一"，反对以知识教育为中心，认为应以儿童活动发展为中心，重点教育学生应用所学知识发展能力直到可以自行教育自己。

在杜威教育思想的基础上，创造教育学逐步发育完善。创造教育学是综合创造学和教育学形成的交叉和边缘学科①。创造教育学认为，创造性人才的培养应着重培养学生的创造性思维方式，如批判思维、系统思维、发散思维、逆向思维等，以及培养学生的创新人格，包括独立、开放、叛逆等创新性格的养成。

（二）创造性动机理论

阿玛比尔从社会心理学的角度提出了创造性动机理论，认为动机原则是创造力社会心理学的基础。社会心理因素中对创造力具有决定性意义的是任务对人的内在兴趣吸引，或者是可以使人集中于外部目标②。她的创造性动机理论主要是动机协同（motivational synergy）理论，认为外部动机在提供个体投入工作的更多刺激时，与内部动机发生协同，催生创造力。她提出了创造性成分模型，认为创新产品的产生由三个要素相互作用，即创造力相关技能（creativity -

---

① 肖善芳. 论创造教育学与创造性教师培养［J］. 湘潭师范学院学报（社会科学版），2009，31（2）：188-190.

② AMABILE T M. Within you, without you: the social psychology of creativity, and beyond［M］. Sage Publications, 1990.

relevant skills，CRS）、领域相关技能（domain-relevant skills，DRS）和工作动机（task motivation，TM）。其中领域相关技能表征基础能力，创造力相关技能为关键能力，而工作动机提供指向性。创造性动机包括4个维度，即愉悦动机、挑战动机、关系动机和报酬动机①。郝宁等分别分析了内部—外部动机、趋近—回避动机、亲社会—反社会动机对创造力的作用，认为创造活动并不是由单一动机推动的，而是多种动机共同作用的结果②。

（三）多元智能理论

加德纳从研究大脑创伤病人学习能力的差异，提出了多元智能理论。加德纳认为，常规教育只注重逻辑智能，但不同的人具备常规教育之外的其他智能，例如空间智能、肢体运作智能、人际智能、内省智能等，智能是多元的③。他在《智能的结构》书中提出了9个人类智能构成：语言、数理逻辑、空间、身体—运动、音乐、人际、内省（灵性）、自然探索、存在④。他认为，一方面需要从多元智能的角度解析和发掘某方面智能优秀的学生，提供合适的发展机会；另一方面应用多元智能理论对学生提供更合适的学习方法。如此因材施教才有利于培养创新型人才。

（四）横向思维理论

波诺于20世纪60年代末提出横向思维理论（lateral thinking theory），认为训练和提升横向思维能力，可以克服传统纵向思维（vertical thinking）思维过于狭窄的弱点；横向思维的训练可以打开思维，与强调逻辑的纵向思维结合，有利于形成思路宽广而又有深度的思维模式，这种思维模式易于形成创造力⑤。他的理论影响广泛，横向思维因其突破问题的常规思考结构，从宽广的方面和方向入手，常常在创造性活动中起到巨大作用。波诺的横向思维方法通常被称为"六帽思考法"，讲究从不同角度思考同一问题，以求得到创造性结果。包

---

① 李艾丽莎. 重庆地区高校研究生创造性动机及其特征的初步研究 [D]. 重庆：西南师范大学, 2004.

② 郝宁, 汤梦颖. 动机对创造力的作用：研究现状与展望 [J]. 华东师范大学学报（教育科学版），2017 (4).

③ GARDNER H. The theory of multiple intelligences [J]. Ann dyslexia, 1987, 37 (1): 19-35.

④ 霍华德·加德纳. 智能的结构 [M]. 沈致隆, 译. 北京：中国人民大学出版社, 2008.

⑤ BONO DE. Lateral tinking: creativity step by step [J]. Abstract reasoning, 1970, 115 (3): 337-339.

括，红色帽：从感情和直觉角度；黄色帽：从事物优点和光明角度；黑色帽：从事物缺点和隐患角度；绿色帽：从创新角度；白色帽：从事实和数据角度；蓝色帽：从整体思维角度。通过六种颜色帽子的不同角度思考，可以对一个事物进行全面的缜密思考，从而寻求创造性的优质解决方案。

（五）生成—探索模型

芬克等从认知心理学的角度，即创造性思维中心理表征的角度，提出了生成—探索模型，将创造性思维分为生成和探索两个过程[①]。在生成阶段，由提取、联想、综合、转换、类比迁移和归类简化等形成创造性发现的心理过程。在探索阶段，上述生成阶段产生的心理特征被用于产生创造性的想法。整体看，该模型主要归纳了创造性活动中的认知过程，形成了创造力产生的二层结构，在初级结构即生成阶段，是构思和评估等的过程，在二级结构即探索阶段，是动机和知识应用的过程。

生成—探索理论主要从教育学和心理学角度研究创造力产生的各种要素，提供了形成原始创新型人力资本培养生态必须创造的基本环境的需求结构。

上述人力资本理论、创造力理论的共同作用，构成了本书论述原始创新型人力资本培养生态研究的理论基础。

第四节 现有研究的简要评价

通过分析相关文献，国外学者对人力资本的研究主要以内涵和经济取向为研究特色。人力资本概念产生之初是将其固化在个人自身的资本。之后的研究围绕人力资本的投资与经济增长的关系展开，并建立了人力资本积累增长模型上。人力资本与创新的结合主要体现在经济增长模型上，将知识积累和技术进步作为独立变量，知识能力是提高人力资本质量和效率的重要因素，而人力资本质量不同导致对经济增长的贡献不同。国内学者对人力资本的研究起步较晚，除了研究人力资本对经济增长的贡献外，部分学者对中国人力资本培养的缺陷进行了研究。研究结果是高层次人力资本比重极小、体制僵化、人才流动机制缺乏，过度行政化等是人力资本质量较低的不利因素。虽然国内研究指出了中国人力资本结构不合理，高层次人力资本比重极小，但并未明确指出具备

---

① FINKE R A, WARD T B, SMITH S M. Creative cognition．theory research and applications [M]．Cambridge Ma：MIT Press, 1992.

哪些能力的为高层次人力资本，对不利因素、有利因素的分析也仅为经验论式的简单表述而缺乏具体的测评指标体系。现有研究多为指出中国高层次人力资本的问题，而对高层次人力资本培养生态方面的研究尚不多见。目前，关于高层次人力资本的含义基本取得了共识，即为创新型人力资本。但很多研究并未将创新型人力资本的类别做进一步细分而是笼统地加以探讨。事实上，随着科学技术的飞速发展，中国比重极小的高层次人力资本是原始创新型人力资本，针对这一特定的创新群体对其培养生态进行研究更具针对性和重要性。除此之外，在经验论式的研究基础上，构建培养生态的测评指标体系，可以进一步明晰原始创新型人力资本培养的有利因素，更具科学性。

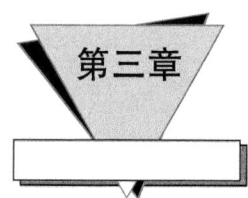

第三章

中国原始创新型人力资本培养的现状研究

第三章　中国原始创新型人力资本培养的现状研究

新中国成立以来，中国在极低的基础上起步发展教育和科技事业，经过70多年的艰苦奋斗，特别是改革开放40多年来，逐步发展和积累了丰厚的创新型人力资本，包括原始创新型人力资本。以全球自然指数为例[①]，2018年，美国得分为19 596.14，是无可争辩的全球第一，中国得分达到11 025.51，位居第二，是第3名德国的2.5倍。最关键的是，从图3-1中可以看出，在全球自然指数排名前三的国家中，中国是唯一一个从2012年以来持续保持增长的国家。从趋势看，再有10年左右的时间，全球自然科学界将形成美国和中国两强争锋的趋势，两国将遥遥领先其他国家。全球自然指数是以全球顶级自然科学刊物发表论文为基础评判的，是最直观地观察各国原始创新型人力资本总量的工具。这一事例充分说明中国原始创新型人力资本培养的现实成就和良好趋势。

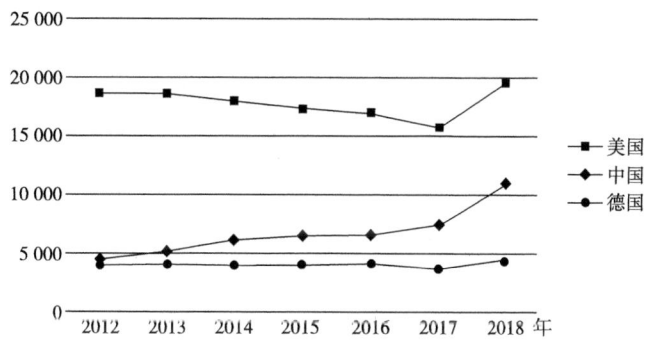

图3-1　2012—2018年美国、中国、德国全球自然指数趋势

然而，在成就之中，仍然需要看到中国在培养原始创新型人力资本方面与美国等创新型国家的差距，中国具有绝对人力规模的优势，但在同等人力规模所能产生原始创新型人力资本和原始创新成果上差距仍然巨大，是历史积累、教育体系、人文环境等全方位的差距，也是本书研究的意义所在。

第一节　中国原始创新型人力资本培养的现行体系

本书从教育体系、组织（企业）体系、国家创新体系、社会文化体系四个

---

① 由自然科学界最著名的《自然》杂志编撰，通过对各国在全球68种权威自然科学期刊总引用量的研究，进行统计后计算各国和不同科研机构对自然科学的贡献，以总指数评定，每年发布一次。

维度，考察中国原始创新型人力资本培养的相关历史实践。

一、中国培养生态的教育体系

中国现代教育体系是在20世纪50年代模仿苏联教育体系的基础上开始的，其后参考西方和日本教育体系逐步进行调整和完善，目前形成了包括学前教育、初等教育（9年制义务教育）、中等教育、高等教育在内的较为完善的学校教育体制，成为中国整体教育体系的基础。

由于中国起步的基础很差，起点很低。因此早期教育的"功利性"表现得很强，即需要在短期内培养大批掌握基础自然科学和工程知识的人力资源，从而为国家经济的大工业化提供大量合格的技术工程人员。因此，使学生快速掌握基础知识成为初等教育的直接目标，而跟踪全球先进科技以模仿、引进，成为大学和研究机构的主要科技进步方法。这种现实类似于日本早期，但中国长期贫穷缺乏教育经费，以及相对西方的科技鸿沟更为巨大，因此影响也更为深远。

最近二十几年来，随着经济的发展，中国经济实力逐步壮大，相应的可以投入科研的资源不断增加。从图3-2中可以看出，中国研究与开发经费投入和在GDP中的占比均快速增加，2017年占GDP比例为2.13%，接近发达国家水平。企业研究与开发经费投入比例逐年增加，2017年占比为78%，已经形成了国家投入基础研究、企业重点发展应用研究的格局。除此之外，自1999年大学扩招以来，高等教育进入高速发展阶段。以2017年为例，高等教育在学总规模约3 779万人，高等教育毛入学率达到45.7%[①]。高增长、高强度投入加之从海量人力资源中选拔的科研人才，造就了最近数年来中国科技的"井喷现象"。在这个基础上，2017年，中国科技进步贡献率已达到57.5%，科技创新能力显著提高，主要创新指标进入世界前列[②]。

但可喜的成就并不能掩盖一个基本的事实，如果将与先进国家的比较从绝对规模换成相对规模，就可以发现中国创新型人才尤其是原始创新型人才，被培养出来的比例很低，相对发达国家的水平落后非常多。以每万人发明专利拥

---

① 中国教育概况：2017年全国教育事业发展情况 [EB/OL]. www.moe.gov.cn/jyb_sjzl/s5990/ 2018-10-18.

② 万钢. 我国科技创新主要指标进入世界前列 [EB/OL]. www.most.gov.cn, 2018-01-10.

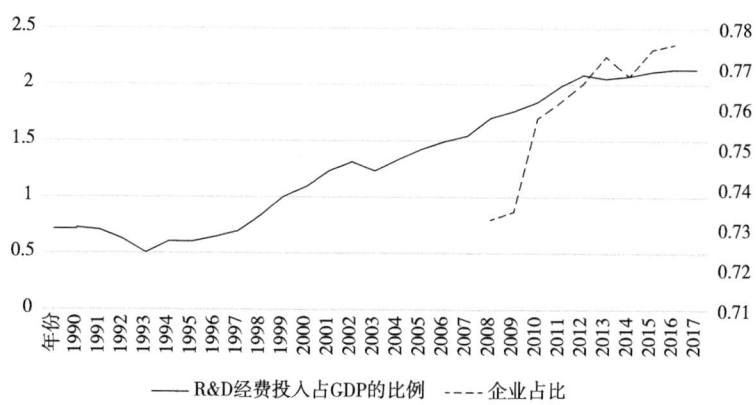

图 3-2 研发经费投入占 GDP 的比例以及企业研发经费投入比例
资料来源：《中国科技统计年鉴》。

有量为例，截至 2015 年底，中国每万人口发明专利拥有量为 6.3 件①，而美国超过 30 件，韩国超过 70 件，日本超过 100 件②。因此，中国原始创新型人力资本培养生态还有很长的发展之路。

（一）中国培养生态的基础教育体系

基础教育是指国民基础教育，一般指针对儿童和青少年实施的一定年限阶段的普通教育，即通常所指的中小学和学前教育阶段。

1. 中国基础教育体系的现况

中国基础教育体系规模巨大，但由于中国人口出生率下降，基础教育的整体规模呈现逐渐缩小的格局。2000 年以来，中国每年出生人口约为 1 600 万人（比 20 世纪 70 年代的高峰缩减了约 1 000 万人），人口出生规模决定了中国现行基础教育乃至高等教育的基本供给构造③。

（1）学前阶段基础教育：规模持续增长，条件不断改善。学前教育由于起步较晚，基准较低，因此最近十几年在国家开始重视和支持学前教育的背景下，保持了高速增长。无论是学前儿童入园人数，还是学前教师规模都不断扩大，已经初步实现了学前儿童普遍入园的学前教育。

从图 3-3 可以看出，学龄前儿童在园人数从 2003 年开始高速增长，2003

---

① 袁于飞. 我国每万人口发明专利拥有量达 6.3 件 [N]. 光明日报，2016-01-08.
② 洪敏，张涛，张柯贤. 中国专利增长现状及动因研究 [J]. 现代管理科学，2018 (2)：3.
③ 中华人民共和国国家统计局. 中国统计年鉴 [M]. 北京：中国统计出版社.

年仅有2 004万人,到2018年学龄前在园儿童达到了4 656万人,15年增长了132%。从2001年开始,每万人在园儿童配备的教师数量也快速增长,2018年比2001年增长了近1倍。2001年,中国幼儿园数量约为11.2万所,2018年达到了26.6万所。增长了137%,基本跟上了学前儿童入园数量的规模。按3岁开始入园计算,2001年出生的新生儿,2004年入园的比例仅为79.6%,2007年出生,2010年入园的儿童比例超过了100%[①]。这一趋势说明了适龄儿童入园的比例越来越高,且入园的年龄逐渐提前。整体上,中国学前阶段基础教育规模最近10余年保持了4%以上的增长率[②],且教育条件不断改善,教师规模和水平得到提升,支撑了后继的基础教育,提升和增加了中国基础人力资本的积累。

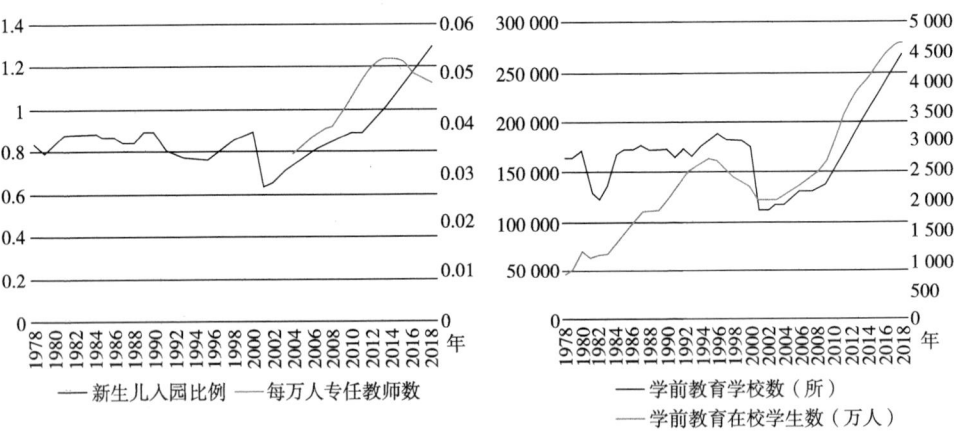

图3-3 学前教育情况

数据来源:《中国统计年鉴》,教育部教育统计数据(www.moe.gov.cn/jyb_sjzl/moe_560)。

(2)小学阶段基础教育:规模持续下降,近期逐步趋稳。小学阶段基础教育是新中国成立以来基础教育阶段体系中最完善的部分,因此一直保持着巨大的规模,但由于人口出生率的下降,规模出现下降的趋势,但近几年趋于稳定。

---

① 中华人民共和国国家统计局. 中国统计年鉴[M]. 北京:中国统计出版社.
② 相关数据(包括本节中后继数据)参见中国教育在线《2015年基础教育发展调研报告》,2016年3月。

如图3-4所示,自1997年开始,小学入学人数快速下降。1997—2005年,小学每年入学人数从2 462万人逐渐减少到2005年的1 671万人,9年降幅高达32.1%,这种下降趋势到2005年后逐步趋稳,其后十余年,基本保持稳定缓降的格局。相应地,小学在校学生人数从1997年的1.4亿人,到2014年已减少到9 451万人,降幅约32%,即规模已下降到高峰时的2/3左右,近两年才略回升至1亿人。虽然入学数量和在校学生规模下降,但小学入学率接近100%,完全普及了小学教育,且小学教育条件、设施和师资都得到了很大改善。

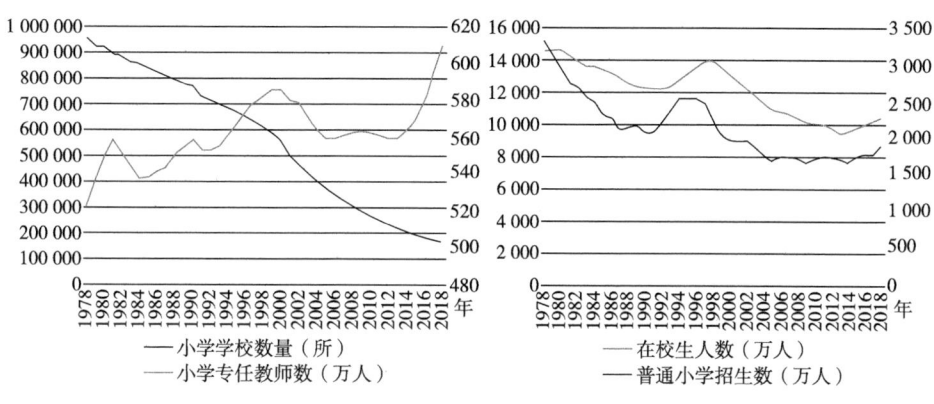

图3-4 小学教育情况

数据来源:《中国统计年鉴》,教育部教育统计数据(www.moe.gov·cn/jyb_ sjzl/moe_ 560)。

小学入学人数和在校生人数的减少伴随而来的是小学专任教师和小学学校数量的相应下降。小学专任教师在1998—2000年高峰时接近600万人,到2004年降为563万人,其后基本保持稳定,2014年仍为563万人。2014年9月,习近平考察北京师范大学时提出:"要从战略高度来认识教师工作的极端重要性,把加强教师队伍建设作为基础工作来抓。"从2014年开始,小学专任教师数量迅速增加,2018年超过历史峰值,达到609万人。一方面在校小学生数量大幅减少,另一方面小学专任教师数量略有增加,有效地改善了生师比,从1997年学生与教师之比的24.2:1下降到2018年的17:1,即17名小学生即有1名小学教师,师资人数大幅提升,有效改善了小学教育质量。小学学校数量1997年为63万所,2018年仅有16万所,降幅高达78%,远超学生的下降幅度,学生与学校数量之比从1997年的223:1增加到2018年的639:1。学校规模的下降一方面反映了小学生整体规模的减少；另一方面反映了学校之间的合并和裁撤，资源和师资呈现集中趋势。上述数据表明，中国小学阶段基础教育在保持高入学率的前提下，由于人口出生率下降，整体规模呈现下降但趋稳格局。在此过程中师资和教育条件不断改善，在一定程度上提高了小学阶段基础教育的质量。

（3）初中阶段基础教育：规模快速下降，师资改善明显。初中阶段教育相对小学教育规模下降趋势相对滞后了几年，如图3-5所示，2003年开始迅速下降，从大约每年2 220万人的规模下降到2018年的1 602万人，总体降幅约为27%。初中在校生源从2003年的6 690万人下降到2018年的4 652万人，总体下降30%。对应初中学生规模下降的，是初中师资数量并未下降，甚至略有增长。2003年初中师资约347万人，2018年为364万人，15年增加了17万人。因而生师比大幅下降，从2003年的19.2:1开始下降，2018年达到了12.7:1，即每12.7名初中学生对应1名初中教师，充分反映了随着国家和地方财政投入的增加带来的教育质量改善。初中学校的规模整体是持续下降的，与小学学校数量的变化趋势一致，相应的是中国初中学校基础设施的大幅改善，整体上显著提升了初中教育的质量。

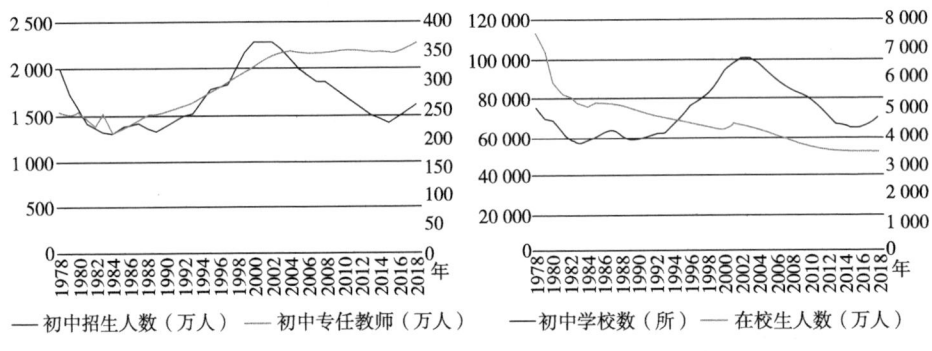

图3-5　初中阶段教育情况

资料来源：《中国统计年鉴》，教育部教育统计数据（www.moe.cn/jyb_sjzl/moe_560）。

（4）高中阶段基础教育：规模高位平稳，师资快速增加。高中阶段与初中和小学阶段不同，规模没有出现大幅下降。主要原因是在2000年以前，中国高中入学率较低，2000年以后，虽然初中生源总体下降，但高中入学率不断上升，加之高考扩招的影响，因此高中生规模在适龄人口不断下降的趋势下，基本保持了平稳。如图 3-6 所示，2005 年高中入学人数 877.7 万人，是历史峰值。其后缓慢下降，2018 年高中入学人数为 792.7 万人，下降幅度不到 10%。2005—2018，高中在校生总数始终保持在 2 400 万人左右。

对应高中学生规模保持平稳的现状，高中师资快速增长，1997—2005 年平均增幅约 10%，2005 年后仍然保持了每年 2% 左右的增长，总人数从 2005 年的 130 万人增加到 2018 年的 181 万人。生师比从 2005 年的 18.5:1 下降到 2018 年的 13.1:1。由于高中阶段生师比高于初中阶段（12.7:1），因此预计高中师资数量仍有一定增加的空间。整体上与初中阶段一致，师资大幅改善，显著提升了高中阶段教育的总体质量。高中学校规模方面，整体趋势是持续减少。2005 年高峰时约有 1.6 万所高中，到 2018 年减少到 1.3 万所。这一趋势反映了部分高中学校的合并和单位高中学生规模的扩张。同样，高中教育的基础设施得以大幅改善，提升了高中教育的总体质量。

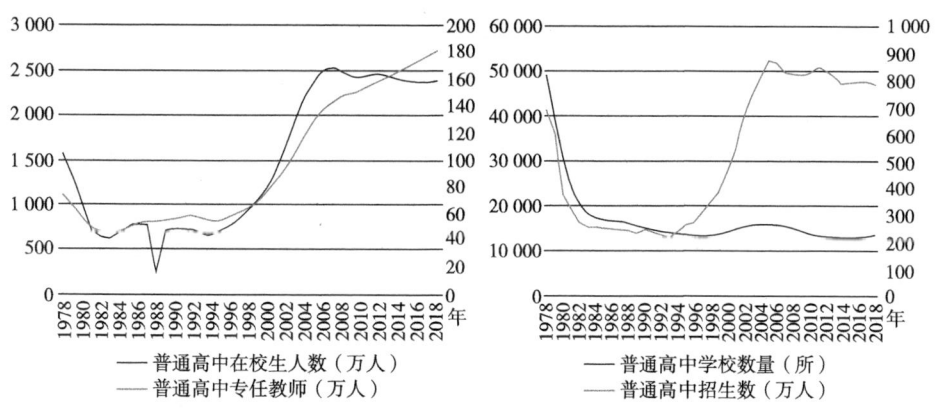

图 3-6　高中阶段教育情况

资料来源：《中国统计年鉴》，教育部教育统计数据（www.moe.gov.cn/jyb_sjzl/moe_560）。

（5）高等教育大学阶段基础教育：规模先升后跌，录取保持稳定。高考阶段的增长趋势滞后于高中阶段学生规模的变化情况。如图 3-7 所示，2008 年高考报考达到峰值，为 1 050 万人，其后逐年下降，2013 年下降到 912 万人，其后略有反弹并保持稳定。在录取方面，高考扩招初期规模不断扩大，2018 年录取 790 万人，录取率达到 81.1%。

从五个阶段观察中国整体基础教育体系发现，最近 10 余年快速完善了基础教育体系，不仅最大程度地覆盖了中国儿童和青少年的人口规模，而且在师

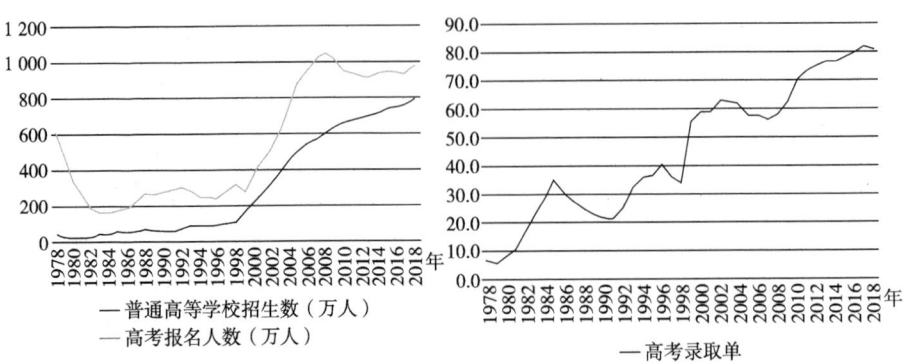

图 3-7 高等教育阶段情况

数据来源：《中国统计年鉴》，教育部教育统计数据（www.moe.gov.cn/jyb_sjzl/moe_560）。

资、基础设施与国际接轨等方面有大幅度的改善，显著提升了中国整体基础教育的质量和数量。通过如此广泛和深入的基础教育，为培养创新型人才乃至原始创新型人才，积累创新型人力资本乃至原始创新型人力资本奠定了雄厚的基础和根基。但在数量规模接近发达国家水平，质量有大幅提升的成绩背后，我们仍然需要看到中国的基础教育体系存在多方面的问题，整体基础教育体系还属于快速而"简单粗暴"的完成阶段，必须进行"精心细致"的体系改进。

2. 中国基础教育体系的问题

对于中国基础教育体系存在的问题，学术界多有研究论述，总结比较公认的问题，在不利于培养创新型人才乃至原始创新型人才的方面，主要包括六个方面。

（1）教育功能单一，反映了目前阶段中国基础教育对基础教育功能认知的模糊不清。整体上看，目前，中国基础教育仍然是传统上侧重书本知识传授的文化灌输体系，反映了历史积淀下根深蒂固的惯性思维教育，不利于培养创新型乃至原始创新型人才所需要的书本知识以外的各种素质和技能的培养。在精神层面，忽视了有利于创新的情感、研究态度以及价值观方面的培养。近年来，虽然国家和社会各界反复强调素质教育，但在应试教育决定前途的坚固壁垒面前，改善情况十分有限，反映了基础教育体系未能完整回答基础教育的功能定位。

（2）应试功利性主导了基础教育，导致基础教育忽略儿童和青少年成长规律以及个人特质。应试教育导向使得高分低能现象突出，中国基础教育阶段学生在题海战术中固然牢固地掌握了基础教育的各种知识点，但对于如何利用这些知识创新则付之阙如，更不用说突破性思维、自我反省和学习研究幸福感的积累。这种基础教育培养出大量的"知识分子",但缺乏培养"智识分子"的土壤。

(3) 生活教育的真空化。健康和生活技能训练匮乏,导致基础教育忽略了学生日常生活的技能和基础。这种真空化,反映到创新培育上,就是学生"书呆子"气息浓厚,与社会脱节,动手能力很差,走上工作岗位后,很多学生已经难以纠正,自然难以形成创新发展所需要的动手能力、主动精神和实践基础。

(4) 创新技能教育的严重匮乏。基础教育体系忽略了学生创新技能的培养,导致学生缺乏创新能力和意愿。缺乏创新教育,加之应试导向的压力,使得基础教育阶段中国很多学生泯灭了创新研究所必需的好奇心、钻研精神和质疑精神,所有的精力、时间在无尽的试题和考试中被耗尽。

(5) 基础教育过分的标准模式化和形式主义。基础教育中反映了中国历史积淀的一种痼疾,就是行政化,从而使基础教育成为一条"标准学生"的生产线。显然,"标准学生"难以形成建立在质疑、好奇,甚至敢于叛逆基础上的人才创新能力。各种"标准答案"和"学习规矩"盛行,框得过死,导致学生只能循规蹈矩。

(6) 教育评价的极端性,只以学科成绩总分论英雄,忽视学生的其他优点和特色,严重削弱了学生的创新性。除了总成绩外,学生具有的其他特长,难以得到现行教育体系的承认,被教师忽视和冷漠对待。

上述问题,严重影响了中国基础教育的整体质量,使得中国基础教育在知识传授扎实的优点之外,缺乏创新能力培养的痼疾特别突出。

(二) 中国培养生态的高等教育体系

高等教育一般指大学阶段的教育,包括三项职能,即培养专业人才、科学研究和服务社会,无论是培养专业人才还是科学研究都与创新和原始创新培养密切相关。客观地说,高等教育阶段往往成为创新和原始创新型人才涌现的最关键基础阶段。中国高等教育体系包括五种学历,即普通高等教育、成人高等教育、高等教育自学考试、电大开放教育和远程网络教育,其中的主流是普通高等教育。

1. 中国高等教育体系的现况

中国高等教育体系已经成为全世界规模最大的高等教育体系。截至2018年,中国普通高校有2 663所,在校生规模为3 833万人。以本科高校为例,学校数量为1 245所,招生规模为422万人,在校生1 697万人,毕业生386万人,远超世界其他国家,使中国成为全球最大规模的高等教育大国。中国的高等教育,不仅在绝对规模上举世无双,在相对规模上也发展迅速。2018年,中国高等教育毛入学率达到48.1%，已经高于全球平均水平，基本达到发达国家水平①。如图3-8所示。

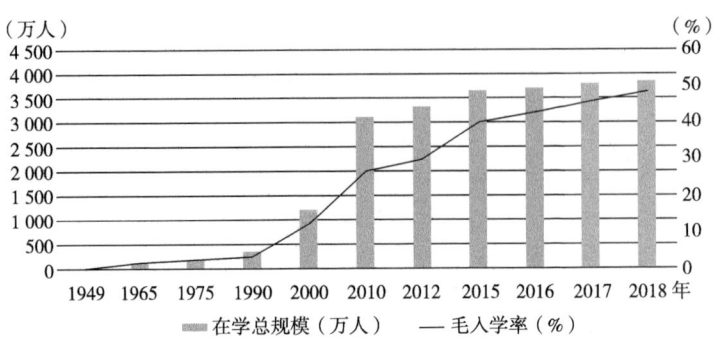

图3-8　高等教育在学规模和毛入学率

数据来源：《中国统计年鉴》，教育部教育统计数据（www.moe.gov.cn/jyb_sjzl/moe_560）。

中国高等教育体系经历了快速发展，如图3-9所示，2008年到2018年，本科累计毕业生达到了3 479万人，其中工学领域占30%以上②，高等教育培养规模为诞生创新和原始创新型人才，并累积创新和原始创新型人力资本奠定了雄厚的人力基础。伴随着高等教育规模的扩大，高等教育师资也在不断改善，1998—2018年，高等教育专任教师从40.7万人增加到167.2万人。

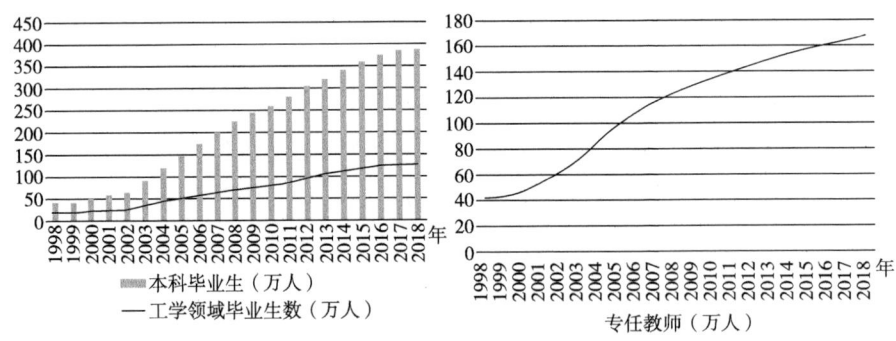

图3-9　高等教育本科毕业生和专任教师

数据来源：《中国统计年鉴》，教育部教育统计数据（www.moe.gov.cn/jyb_sjzl/moe_560）。

---

① 中华人民共和国教育部. 全国教育事业发展统计公报[EB/OL]. moe.gov.cn/jyb_sjzl/moe_560.
② 中华人民共和国教育部. 教育统计数据[EB/OL]. moe.gov.cn/jyb_sjzl/moe_560.

伴随规模的快速增长，在办学条件和基础设施上也迅速改善，如图3-10所示，2018年与1998年相比，普通高等学校生均教育事业费和公用经费增长了3倍①。投入的增加快速改善了教育办学条件、高校科研基础设施和其他相关条件，从而显著提升了高等教育的教学质量，从物质和研究条件保障上，为高等教育阶段对创新和原始创新型人才的培养奠定了良好的基础。

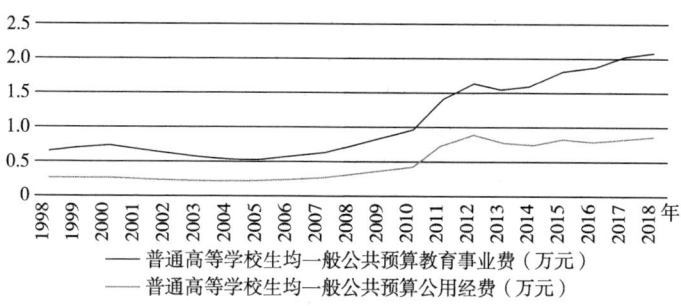

图3-10 普通高等学校生均教育事业费和公用经费

上述高等教育体系的发展和完善，使得中国高等教育阶段培养创新和原始创新人才的"硬"条件大幅提升，局部已经达到世界先进水平。但中国历史上根深蒂固的一些"软"的缺陷，仍然对中国培养创新和原始创新人才构成严重的障碍。一方面积淀还不够深厚；另一方面高等教育体系软系统缺陷较多，使得与总体数量规模相比，通过高等教育能够生产出的创新型人才和原始创新型人才的比例较低，相比国际先进水平还落后较多。

2. 中国高等教育体系存在的问题

杨叔子院士曾将中国高等教育体系的培养缺陷概括为五"重"五"轻"，即重理工、轻人文；重专业、轻基础；重书本、轻实践；重共性、轻个性；重功利、轻素质②。五"重"五"轻"在某种意义上是对中国高等教育体系培养创新型人才和原始创新型人才不利因素的高度概括。整体上，本书概括中国高等教育体系对培养创新型人才和原始创新型人才存在的问题主要包括三个方面。

（1）中国高等教育体系严重滞后于外部世界的快速发展。最近数十年来，

---

① 教育部全国教育经费执行情况统计公告1998—2018年。
② 杨叔子. 面向二十世纪的大学素质教育 [J]. 江南学院学报，1992（2）：3-8.

技术变化的速率极快,可以说超过了历史上的任何一个时期。而新中国成立以来形成的高等教育体系具备极鲜明和极强烈的以培养专才和职业技术训练的特色,从而导致跟不上科技发展的步伐。从时代特征看,中国高等教育"以知识传授为中心"的专业化教学模式,无助于高等教育学生创新能力的培养,因为社会和科技的高速变化,使毕业生难以从其"知识储备箱"中获得问题的答案,而只能根据变化的新现实,激发创新潜能,从而高等教育体系必须朝发现问题、提出问题、解决问题的能力培养型体系过渡。中国太多的学生接受的专业化训练不仅僵化,而且在毕业前所学的内容即已落后,如果学生不具备调整适应能力,不具备创新意识和能力,这种高等教育根本上是失败的。

(2) 中国高等教育的应试教育导向严重滞后于创新人才培养导向的需求。中国高等教育体系继承了基础教育体系的弊端,应试教育导向严重,学校一味看重学生的考试成绩,包括专业课程成绩、英文程度,等等。成绩固然在一定程度上代表了学生专业素质的基础程度,但对于创新而言更重要的好奇心、热情、勇气、坚韧品格和意志、新生事物敏感度、洞察力,等等,几乎不被重视。这种高等教育体系使教育出来的学生创新素质低下。

(3) 中国高等教育创新实践严重滞后于国家社会创新发展的科技方向。美国麻省理工学院有一个著名的核心理念,即"关心真实的科技与世界"。中国高等教育体系关注"经典",教学内容充斥着各种"主流"理论,考试中偏离这些理论就是错误。这种倾向偏离了真实的社会需求,从而在根本上损害了学生的创造力,使学生成为现成理论的尊崇者。但这样种教育难以形成学生能够独辟蹊径、无中生有地进行开创的能力。学习、模仿能力强,但提不出独创性思想、方法和模式。在面对只有创新才能前进的时候,往往茫然而不知所措。

(三) 中国教育体系的优势和缺陷

从整体看,对于中国教育制度利弊的争论和研究汗牛充栋,始终是中国社会的一个热点话题。综合各界研究和观点,本书总结中国整体教育体系的优势和缺陷。

1. 中国教育体系的优势

高质量的基础教育水准,使得学生具备良好的理论知识基础。中国的教育体系,在系统化知识传授、数学快速准确的计算能力训练、对逻辑思维严密的能力训练、严肃的课堂纪律,以及整齐划一的合作精神训练等,可谓举世无双。这种基础教育甚至包括高等教育,使得中国学生的素质普遍较高,是中国工业化建设成功,以及外企愿意在中国投资的重要因素之一。中国的教育体系，使得中国学生的平均素质高于全球多数国家，甚至高于一些发达国家。

对学生善于理解、善于模仿的能力训练很强。在中国教育体系下，学生理论基础扎实，逻辑思维能力强，因此善于理解和模仿，中国"逆向工程"取得无数成就就是明证。相对原始创新型人才，中国工程师的培养成就大得多，也与教育体系的这种能力和优势密切相关。

教育体系实现了"众百家"的教育目的，使得学生的知识体系较为全面。中国的教育科目集百家之长，有利于学生具备较为广阔的知识面。

总之，系统、扎实、严谨、吃苦是中国教育体系的优点，因此，中国教育体系有力地配合了中国工业建设阶段的人力资源需求。

2. 中国教育体系的缺陷

随着中国经济的发展，原始创新的重要性与日俱增，而模仿、引进先进国家科技变得日益困难，接下来的路要自己走。在这个背景下，传统教育模式的弊端暴露得越来越明显，最明显的是中国现行教育体系不利于培养创新型人才。主要表现在三个方面。

第一，应试教育过于异化，选拔人才几乎完全通过考试。教育的目的对于普通学生来说，是训练生存和生活的能力，但在应试教育下，所学知识与今后工作和就业非常不匹配。对于潜在的创新型人才来说，教育的目的应该是将他们选拔出来，并在适合的方向上让他们发展，而现实是他们首先必须应付海量的考试，其自身特长并无适合途径发展，许多潜在的人才在十几年的教育下，最终失去了可能的创新能力。整体教育表现出不切实际。

第二，在整体教育体系特别是基础教育阶段，创新教育极其匮乏。传统上，中国基础教育以及高等教育阶段，由于财力匮乏，基础设施缺乏，重理论、轻实践。后期应试教育发展到高峰，学生精力被考试牵扯，而学校在升学率的压力下，也很少力图增强学生的创新教育。因此，中国学生的创新意识、创新实践和创新思维都很少得到训练和激励，在应试取向下容易扼杀学生的想象力和创造能力，已成为中国教育体系中相对发达国家最落后和最具缺陷性的部分。

第三，教育重点过于倾向知识掌握，而忽略知识应用。中国教育科目过于硬化和标准化，以死记硬背著称，个性化的设置实在太少，甚至连语文如何回答问题都要标准化。填充式授课、答题都有标准模式，在排斥学生的独立思维，更不可能接受百花齐放、百家争鸣。这种教育，学生易于形成被动、僵化服从模式，缺乏个性突出、质疑和探索的创新精神和思维。

因此，从整体看，中国教育体系的优缺点都非常突出，但随着时代的变迁带来对创新特别是原始创新型人才的需求，弊端开始表现得更明显。中国的教育体系需要在扎实严谨的基础教育和个性自然的创新教育之间取得良好的平衡，保持合适的"度"。目前，中国的情况是过于偏向前者，而忽略后者，因此教育体系改革的方向是增强创新教育和减负应试教育，但也需要吸取日本改革失败的教训，不能既提升不了创新教育，又使基础教育滑坡。

二、中国培养生态的组织（企业）体系

相对教育体系，中国组织（企业）体系适应创新型人才的生态在近年来改进很大。从历史原因看，主要包括四个因素。

（一）优势方面

（1）以往"论资排辈"等痼疾主要发生在国企层面。改革开放后，民企大发展，目前已经成为中国企业的主要组成部分。中国社会实际上形成了一种混合型的企业组织类型，在开放经济之下，形成了国企、民企、外企等企业类型激烈竞争的格局，很多学者甚至将中国视为全球竞争最激烈的市场。近10年来，企业的竞争力一直取决于企业对知识的可获得性，以及这些知识在创新中的成功应用①。除了对知识的应用，资源冗余和资源柔性也对企业的原始创新能力有直接的促进作用，企业需要加强对资源积累、整合和管理的力度，从而获得持续竞争优势②。在这种背景下，一方面，各类企业中的佼佼者实力不断壮大，有更多资源投注到研发上以获取技术优势和开发新产品以维护自身市场地位；另一方面，为应对激烈的市场竞争，企业开始高度重视能提升自身企业竞争力和获取利润的人才。在两个方面的综合作用下，近年来，不仅民企，很多国企在培养创新型人才上也花费了很大力气，投入了大量资源。因此，中国企业界在培养创新型人才上成效较为显著，应用型成果较多。

（2）企业的"年轻化"形态使得企业内部管理处于快速调整和发展阶段。维持现状看似对企业是一个安全的选择，但从长远看，这种状态比尝试创新要

---

① BURKE M E，LUKJANSKA R. Knowledge innovation hindering factors at Latvian enterprises［J］. Library review，2011，60（1）：68-79.

② 杨卓尔，高山行，江旭. 原始创新的资源基础及其对企业竞争力的影响研究［J］. 管理评论，2014（7）.

冒险得多，因为别的企业可以通过创新很快获得竞争优势①。中国多数企业特别是民企起步于改革开放后，发展阶段迄今不足 40 年，成功企业多数还处于快速的发展阶段，因此所受束缚少，由于在起步阶段产品技术层次低且缺乏研发资金投入，因此起步阶段还谈不上有太多科技创新型人才的培养。随着企业的发展壮大，企业产品科技含量的提升和企业投入研发的资源增长，使企业具备投资研发的基本条件，而科技对企业发展的贡献使得这些年轻化的企业，易于接受和重视科技创新型人才的培养和提供必要的研发基础设施，以及设置良性配套的研发环境和报酬制度。这些因素使得在组织（企业）层面部分企业培养创新型人才乃至原始创新型人才取得良好成效，例如，华为等企业。

（3）近年来，中国在职场形成了激烈竞争的格局，科研方面也不例外，且中国优秀企业外向型明显，与国际交流日趋增多。在激烈竞争和放眼看世界的氛围下，在中国传统文化影响下，科研人员具备吃苦精神和极强的上进心，很多科研机构的研发人员主动工作精神强，投入工作的时间强度大，激发了中国组织（企业）层级创新型人才包括原始创新型人才的产生。

（4）中国庞大的教育规模为组织（企业）提供了丰富的可供遴选的人才基数，企业在择优选择中易于选择优秀的潜在人才，因而在投入企业资源和研发实践后能力成长较快，其中佼佼者成为创新型人才。

（二）弱势方面

中国组织（企业）层级在培养创新型人才上还存在诸多缺陷和弱点。

（1）中国还是发展中国家，诸多中小企业资金实力较弱，技术水平较低，产品技术含量较低，企业环境难以支撑科技研发和创新型人才培养。

（2）诸多企业传统思维较强，以往跟踪模仿的习惯使其忽略自身创新研发能力的培养，甚至在组织架构中根本没有考虑新产品开发和科研组织，企业的再培训和教育都流于形式，在这些企业中难以形成培养创新型人才的生态。一方面是企业缺乏必要投入资源；另一方面是企业缺乏培养意识。

（3）在部分国企和家族式民企中，领导或老板的意见过于独尊，忽略员工的个性和创新思维，以领导或管理者的意见和思考模式行动，其余员工不敢发声，这种企业环境难以培养创新型人才。

（4）改革开放阶段中国企业高速发展，付出很大的代价，重要的代价包括

---

① REVELLE, JACK B, First creativity, then innovation [J]. Industrial engineer. 2014 (11).

企业负债率较高,价格竞争激烈导致利润率低。中国企业的利润率远低于发达国家企业,而研发资金来自利润,使得中国多数企业缺乏充足的研发资金,也就难以培养创新型人才,更难以培养原始创新型人才。

总体看,中国原始创新型人才的组织(企业)层级的培养生态,进步的速度还是很快的。主要原因是中国优秀企业规模和实力快速成长,对科技进步重要性的认识日益深入;同时落后企业的淘汰速度也很快,在市场上生存下来的企业对创新型人才的重视程度远超过去,因此做了较多努力培养创新型人才。

三、中国培养生态的国家层级体系

中国形成国家层级创新体系的时间较晚。在早期主要以部分国家科技计划的形态推动重点科技领域的发展,反映了中国当时整体经济实力较弱,只能集中力量于部分和少数领域的现实,例如,当时的国家重点科技攻关计划、高技术发展计划(863 计划)、星火计划、火炬计划、攀登计划、国家自然科学基金等①。这些早期的努力在不同层面奠定了中国形成完整的国家创新体系的基础。

1997 年 12 月,中科院提出《迎接知识经济时代,建设国家创新体系》报告,得到国家高度重视,并以中科院"知识创新工程"为国家创新体系建设试点,标志着中国国家创新体系建设的开始。

其后,中国对国家层级创新体系的建设和完善日益重视。2015 年,中央颁布《深化科技体制改革实施方案》,要求 2030 年建成国家创新体系,进入创新型国家行列。从中国建设和完善国家创新体系的思路看,中国意图将研究机构、大学、企业、政府、产业集群和中介机构等有效组织,通过塑造和完善相应的市场、法律法规、教育、创新文化等形成良好创新环境,并完善信息服务、资源供给、中介服务等形成支撑系统,从而整体上形成创新知识的产生、传播和应用环流。

中国的目标是建成和完善由知识创新体系、技术创新体系、区域创新体系、科技中介服务体系和国防科技创新体系五位一体的综合体系。具体涵盖五个方面。

(1)建设科学研究与高等教育有机结合的知识创新体系。以国家设定的战

---

① 马艳. 攀登计划对我国原始性创新的影响研究 [D]. 郑州:郑州大学,2013.

略目标和产业方向为引导（重点是基础研究和战略高技术），突出重点，建设和发展一流水准的研究所、研究型大学、公益科研基地以及国家研究基地。以财政支持和体制改革等完善资源共享和资源配置，并建立和完善创新绩效评价指标体系和定期评价机制，从而完善知识创新体系。

（2）建设以企业为主体的技术创新体系。国家以经济和科技政策引导企业在应用技术创新方面成为研发投入主体，以"技术创新引导工程"等支持企业建设、完善各类研发机构。主要以有实力的大型企业为重点，目标为引导大型企业形成若干技术创新中心、工程实验室、工程中心、产业技术联盟，从而形成批量的有特色的创新企业集群。加大对科技型中小企业的支持，在投融资、创新信息、技术交易、产业化服务等方面为之营造良好的环境。

（3）建设军民结合、寓军于民的国防科技创新体系。强调军民融合，军民科技资源统筹配置、有效共享，以形成国防科技创新体系。在重大专项中统筹军民科技计划，根据参与军民不同企业和系统的科技和产业专长，实现国防科技从基础研究、应用研究开发、产品设计制造到技术和产品采购等环节的有效衔接，同时形成军用和民用科技双向转移和军民两用技术产业化的良好环境。

（4）建设各具特色和优势的区域创新体系。中国作为一个大国，部分省份和城市都具备良好的科研基础和人才集聚，因此可以建设各具特色和优势的区域创新体系①。通过中央财政配置资源、地方财政引导特色发挥各自基础和优势，形成区域创新和新经济增长极。

（5）建设社会化、网络化的科技中介服务体系。将科技成果转化和加强创新服务作为两个基点，政府推动与市场调节结合、专业化分工与网络化协作结合，通过税收支持、政策法规建设等形成有利于科技中介服务体系发展的环境，培育骨干、发挥示范带动作用，从而逐步形成社会化和网络化的科技中介服务体系。

综合看，中国的国家创新体系建设，吸取了发达国家数十年的有益经验，并结合了中国现行科技研发体系的现实基础，改革开放以来不断发展完善，具备了良好的发展前景。

---

① 刘和东. 中国区域原始创新产出的空间集聚研究［J］. 工业技术经济，2010（11）：122－128.

从实践看，中国国家层级创新体系的成效仍待观察，毕竟实施和强调的时间不长，从原来重点突破的少数点状科技创新高点，发展成为有效运作的网络化和分层化的全国性创新网络，还有待现实实践。目前中国的科技创新，主要还集中在国家重点研究型大学和研究机构以及大企业平台上。科技型中小企业等的研发能力还相当薄弱，与美国等发达国家相比还有很长的路要走①。

四、中国培养生态的社会文化体系

人与环境的契合度有利于促进人力资本的管理和发展②。中国作为有5 000年历史的文明古国，社会文化受到传统影响很深，整体社会文化主要受到两方面的影响：一是传统文化和理念；二是近百年来西方和苏联等文化输入的影响。在综合效应之下，中国社会文化对于创新的影响也有正反两面。

（一）中国现行社会文化体系对于原始创新型人力资本培养的积极影响

1. 注重教育

中国自古就有"万般皆下品，唯有读书高"的思想，虽然负面作用很大，但不可否认这种传统使得中国家庭将孩子的教育和学习放在重要的位置上。中国基础教育扎实不仅与中国的基础教育体系有关，更与中国家庭的这种普遍重视教育的观念紧密联系。中国家庭对教育的重视不仅限于对家中孩子的学习抓得较紧，更表现在中国父母对孩子的教育舍得投入，甚至不惜成本。中国学生放弃学习最多的是学生自己不爱学、学不懂等个人原因，很少是因家庭原因而主动放弃。在这种社会文化影响下，随着中国经济的发展，多数中国家庭的经济实力增强，中国学生的教育投入、教育年限、教育质量等都上升很快，为培养创新型人才提供了庞大的初级人才基数。

2. 集体合作精神较强

由于长期社会主义国家集体主义精神的熏陶，使得中国科研团队合作精神较强，在科技组织中易于开展合作研究，尤其是大型科研和工程项目，传统上形成了很强的组织凝聚力，近年来，多项大型科技工程的突破就是明证。中国集体合作精神，是符合现代科技发展规律的。在当代，单个人的奇思妙想就突破科学原理或创造技术成果的现象逐渐减少，很多科技突破依赖于在原始创新

---

① 于雯亦. 美国创新型国家形成与发展的机制特点研究［D］. 长春：东北师范大学，2008.

② WERBEL J D, DEMARIE S M. Aligning strategic human esource management and person – environment fit [J]. Human resources management review, 2005, 15 (4): 247 – 262.

人才领导下的多个科研人员,甚至多个组织合作才得以完成。科学发展的规律是系统越来越复杂,这种复杂性限制了单个人的突破能力。

3. 主张自强不息、鞠躬尽瘁等奉献精神

中国传统文化非常强调发挥人的主观能动性,主张积极上进、努力拼搏和积极的人生态度。这种文化对科研工作者普遍影响很深,使得中国很多科研人才拼搏精神很强,许多科研单位长年累月地连续研发,通宵达旦地工作是家常便饭。强劲的进取精神非常有利于培养出创新型人才乃至原始创新型人才。

4. 变通性强,易于接受新生事物

百年的革命历史和改革开放后国际文化的交流,使得当代中国社会形成了很强的变通性,对新生事物的接受能力很强。例如,互联网,许多最新的商业模式在中国被创造出来并风靡全国,微信、陌陌、共享单车等都是如此。这种比较新的社会文化不仅使得中国在商业模式上的创新层出不穷,在科研上也使中国学者易于接受新科技,对于科技发展方向和趋势较为敏感。

(二) 中国现行社会文化体系对于原始创新型人力资本培养的负面影响

除了积极影响外,我们也必须看到,中国社会文化体系中,无论是传统文化还是现代商业社会形成中的一些文化因素,对原始创新型人力资本培养有负面影响。

1. 求同趋稳和反个性的文化严重影响创新意识和思维的形成

历史上,在充满创新的诸子百家时代后,独尊儒术,强调中庸。2000多年的主流文化不鼓励创新,所谓"木秀于林,风必摧之""出头的椽子先烂"等价值观念深入人心。在这种氛围下,"行高于众,众必诽之",非常不利于创新型人才的培养,而且这种文化思想渗透中国基础教育乃至高等教育体系非常深刻。创新型人才培养除了"知识学习体系"的实施,更需要"人格培养体系"的实施①。中国创新型人才比例严重落后于发达国家,除了经济、科技和教育基础外,与传统思想影响很大导致学生创新潜能无法发挥有关系。

2. 文化教育过于政治化、功利目的化

中国文化从古代起就将教育的目的视为传道为主,具有很强的政治目的性。古代强调圣贤之理,现代强调知识记忆,整体上强调功用,教育出来的学生和培养的科研人员过于标准化、模式化,缺乏对知识和理论的质疑精神,缺

---

① 田建国. 创新型人才培养的要素探讨 [J]. 理论前沿, 2008 (3): 21-22.

乏好奇心，过于循规蹈矩，过于遵从权威，这些都不利于培养创新型人才，更不利于培养原始创新型人才。

3. 社会文化过于重理论、轻实践

中国多数学生从大学起才开始学习如何做研究，通常这还局限于较好的研究型大学。在基础教育阶段实践几乎属于形式。一方面是现实局限，以往经济实力限制了学校相关基础设施的建设；另一方面则属于文化范畴，在重理论、轻实践的文化影响下，学校培养的学生与社会脱节，与企业实践需求脱节，与社会趋势脱节。很多社会组织和企业感觉刚毕业的大学生还需要从头培养。

4. 社会文化过于重模仿、轻首创

中国社会文化传统潜意识里认为，首创是冒险的行为，需要慎重。而模仿则低成本、低风险。因此在部分企业组织身上可以看到这种文化的不利折射。不愿意在新颖的方向上投入研发力量和研发资金，在别人已经证明成功的路径上重点投入，跟随发展。这种由于传统文化和近百年来跟随追踪国外发展而形成的思维是非常顽固的，一定程度上影响了中国创新型人力资本的培养。

综上所述，目前，中国的原始创新型人力资本培养生态，从教育、组织、国家和社会文化四个维度来看，优势和缺陷都比较明显，既有有利因素和能动机制，又有不利因素和落后机制。总体看，相对美国等发达国家，中国整体原始创新型人力资本培养生态还比较落后，需要改革和完善的地方很多。

第二节　中国原始创新型人力资本培养的历史经验和教训

中国现代教育包括企业再教育起步较晚，严格意义上是1949年新中国成立后才在全国范围内逐步建立的，迄今已有70年。一个周期如此短的体系意味着很多方面还没有完善。

一是需要未雨绸缪。70年中，中国政治经济环境变迁迅速，"文革"等历史事件对中国创新型人才培养的冲击不同程度地存在。从新中国成立到改革开放中期的约50年时间中，处于科技追赶、跟随、模仿阶段，培养大批适应工业生产的普及型人力资源是当务之急，相对忽略了原始创新型人才的培养，这是对"钱学森之问"回答的一个重要理由。严格说，对创新型人才特别是原始创新型人才培养的重视是最近20年才逐步开始的。从历史经验说，当国家需要时才发现，创新型人才培养的生态建设非常落后，而建设和完善培养生态需

第三章 中国原始创新型人力资本培养的现状研究

要相当长的时间，不是能够马上见效的。

二是需要顶层设计。中国的教育、科研体系最初都是模仿苏联模式，是一种应急模式。而改革开放后吸取西方经验进行了一些改革，但在形成的过程中始终没有进行很好的顶层设计，整个体系有大杂烩之感，每次教育改革之后都会发现某种缺陷，得到的评价都不高。以原始创新型人才培养为例，近年来出台了不少鼓励政策，主要集中在科研改革、经费支持等方面，但从基础教育、高等教育、企业或科研机构实践、环境塑造等全体系生态设置上，则显得不成系统，成效也是良莠不齐。

三是需要制度和体系系统改革。近年来，中国科技实现跨越式发展，主要有三个原因：一是改革开放以来大批量培养人才弥补了人才不足，这些人中的佼佼者经过长期奋斗涌现出了批量创新型人才；二是随着经济的发展，国家和企业实力增强，使得科研投入强度大幅增长；三是开放经济与国外交流日趋增多，吸取了大量国际经验和科技思维。但整体看，属于"硬"的因素占主导地位，在"软"的系统改善上并不明显，而这些软因素，是构成制约中国形成原始创新型人力资本良好培养生态的最大障碍，需要进行持续的制度和体系的系统改革，不仅是教育体系的改革，还包括国家层次创新体系的建设完善，以及指导企业和科研机构等组织层级的环境完善等。

四是需要加强实践训练。中国学生的理论与实践脱节严重，不仅基础教育过程中实践训练极为有限，高等教育中实践环节也相对有限，很多学生是到研究生阶段才能较多地参与科研实验。因此实践训练不仅少而且开始太晚。如果说传统上是因为学校不具备开展实践环节的经济基础和基础设施，现在，中国高校经济实力已经大为改善，建设完善初等科研基础设施的经济基础已经具备，但应试教育导向导致在这方面改善不多。例如，高等教育，相对美国研究型大学实践环节占课程1/3的情况，中国即使是自然科学学科，实践性教学一般占课程10%～15%，仅有少数学校达到20%。"实践出真知"，高等教育中实践训练的缺乏，导致学生虽然理论知识扎实，但动手能力差，从而导致创造能力较差。这是培养创新型人才特别是原始创新型人才成效不佳的主要原因。

五是教育内容与创新方向脱节，且限制过死。如果说初等教育的内容是比较恒定的，高等教育的这个问题就较为严重。中国高等教育的教材内容陈旧，更新缓慢，且明显缺乏直观性和反映科技的最新发展和应用，显示出重理论、轻实践的痼疾。高等教育反映出来的另一个问题是专业必修课占比太高，选修课只占1/3左右，且科目狭窄选择范围小，使得高等教育中学生知识面朝"狭而深"的方向发展,而不是往创新更需要的"跨界跨学科"方向发展。

上述是中国发展创新型人力资本培养生态中反映出来的重大问题,是深刻的历史经验和教训。近年来,中国的教育改革,主要目的是吸取上述历史经验和教训,力图突破和改善这些问题,促进中国人才培养朝提升创新型人才及原始创新型人才产生的方向发展。

第三节　中国原始创新型人力资本培养的现实困境

通过上述研究,我们可以发现,中国原始创新型人力资本培养生态存在的不利影响因素,导致中国原始创新型人力资本培养生态的完善和发展存在一定的现实困境。

一、强大的历史和体制惯性

完善和发展原始创新型人力资本培养生态,需要进行以教育改革为基础的整体生态系统改革。但这类改革遭到强大的历史和体制惯性束缚,因而取得的效果不尽如人意。这类改革不同于我们习惯的经济改革,当年的经济改革为避免改革阻力,可以先做增量改革,再带动存量改革。教育改革乃至整体创新型人才培养生态的改革,本身不存在增量存量问题,改革是对旧历史和旧体制惯性的挑战,因此尤为艰难。

(一) 人是教育改革中最大的问题

中国绝大部分教师习惯了固有的知识灌输、应试训练,教育学生循规蹈矩,以成绩决定学生好坏和资源倾斜的教育模式。如果从以往的教育模式向比较适合创新型人才培养的教育模式转型,不仅挑战教育观念,而且挑战教育能力。许多教师未必有意愿、也没有能力转变其在历史和体制惯性影响下形成的长期教育模式。中国应试教育一直被诟病,但难以改善的重要原因之一就在于此。教育改革中基础设施易于建设、教育投入随经济增长而增长,师资越来越丰富,教师的基础水平也越来越稳固,甚至教材也可以从创新角度调整,但最难的是教学模式的转变,是对观念、意愿和能力的三重挑战。

(二) 教育目标和教育考核模式难以调整

无论是家庭还是学校,主要的思维还是传授知识,死记硬背的成分很高,目的是考试取得好成绩以及提高升学率。而教育改革中到目前也没有发现更好的比应试教育公平的考核模式。在这种背景下,虽然有很多学校和家庭认识到培养学生创新能力的重要性，但在现实压力下，这种培养只是一种在"学有余力"下的培养，前提条件是考试成绩必须保持良好。虽然在政策上讲了多年的素质教育、创新教育，但由于教育目标和考核方式难以调整，实效甚微。

（三）企业重研发投入而轻培养投入难以调整

整体看，中国企业相对浮躁，在研发上不惜投入重金，企业研发投入比例甚至已经高出部分发达国家，而在人才培养投入上占公司销售收入3%以上的企业在2012年不足企业总数的10%，大部分企业甚至低于1%，与发达国家相差甚远，显示出急功近利性。企业只想拿来人才就用，不愿逐步培养内部的人才升级，这种浮躁性非常不利于企业内部产生创新型人才，内部人才只能自我学习，或从研发中磨炼技术。研发和培养是创新型人才特别是原始创新型人力资本生态在企业层次支撑的两极，在中国几乎缺失了一极。

二、短期批量促进创新型人才产生的生态关键要素缺失

中国特殊的历史发展，改革带来的巨大变迁等，使得中国发展极为迅速，但很多需要时间来逐步完成的发展基础并不稳固教育就是其中明显的部分。

（一）高层次、高水平科研人才匮乏

长期的科技水平滞后，使得中国科研人员主要集中于跟踪模仿先进科技，本身在创新型科研上投入少，而中国长期为满足工业普及而推行的相关教育和管理体制，强化了这种倾向。在大力发展创新的今天，这种过去成功的方面变为拖后腿的桎梏。由于缺乏高层次、高水平的创新型名师，中国创新带动和培养的效应较差。国外的经验之一是高水平高层次科研人员的传承培养。一位诺贝尔奖获得者会带出一大批高水平的原始创新型人才，例如，著名的贝尔实验室等，甚至因此形成诺贝尔学者群落。在中国，缺乏这种原始创新型人才培养环境。这种环境需要长时间积累和精心培育。

（二）学术界和高校缺乏鼓励创新型人才脱颖而出的激励机制

目前，中国学术界和高校的风气还是以制造"文章"为特征，论文、学术专著、高级职称，以及各种名目的专家、学者的数量，以惊人的速度递增，甚至专利数量也高速递增。但数量的递增远超过质量的递增，多数增量中，产生的真正创新型人才比例仍然是极低的，更不用说原始创新型人才，能取得国际影响的成果相对这些数量来说比例也是极低的。这种繁荣的背后代表着对资源的浪费，严重降低了创新型人才培养和产生的生态效果。在高校中，人才培养质量和规格与创新需求脱节较大，本科毕业生乃至硕士和博士毕业生的质量相

较国际水平有所欠缺。类似情况持续多年，历经各种改革但收效甚微，表明在中国学术界和高校缺乏能够集中资源培养创新型人才的良好环境，也缺乏良好的创新激励机制。

（三）功利化、利益化的短期科研倾向需要较长时间的沉淀转化

中国在从计划经济转为市场经济的历程中，带来社会文化上的很多负面影响，科研界主要的表现是科研执行上的功利化和纯利益导向。而创新型成果和原始创新型成果，都需要长期的积淀、投入。在这种科研文化环境中，人才的注意力和努力方向逐渐转向对金钱和名利的获取，而对科技的探索精神开始弱化，创新所需要的好奇心、洞察力、兴趣被物质扭曲，不利于创新型人才的产生，更不利于原始创新型人才的培养。

上述各种现实困境使中国原始创新型人力资本培养生态受到长期和严重的负面影响，不是短期能改善的，中国要完善这一生态还面临着多个重大课题。

第四节 中国原始创新型人力资本培养的近期探索

近年来，中国各界对于培养原始创新型人力资本的重视程度与日俱增，在此基础上，从不同层面上进行了相关改革和完善。

一、教育改革在创新型人力资本培养方面的探索

近年来，在基础教育和高等教育生态方面，中国主要进行了两方面探索。

（一）基础教育方面的近期探索

从实践看，中国基础教育界的一些优秀学校，主要在七个方面进行了创新型人力资本培养的探索：①增加学生自由支配时间，以兴趣活动引导；②培养批判性思维，以讨论、提问、质疑引导；③加强活动性课程，以社团、体育、实践等引导；④加强通用技术基础设施建设，以增强学生动手和实践能力；⑤实施创新教育，重视人格养成、教师引导、激励学生自我追求，因材施教，鼓励个性发展和全面发展；⑥加强国际交流合作，培养学生国际化视野；⑦培养创新型人格，以心理健康教育、培养参与精神、培育务实求是品质为引导。

上述探索，主要是在中国城市中一些领先学校进行的，具有一定的成效，但从整体影响看并不明显。这些学校的这些探索，是在生源具备优势的条件下进行的。这些学校多为当地重点学校，生源良好，很多学生学有余力。因此，学校给予部分创新型培养，能取得效果且不担心影响学生考试成绩，而很多普

通学校则无此把握，也缺乏相关的师资和资源。

（二）高等教育方面的近期探索

近年来，中国各大高等学校，特别是研究型大学，逐步提高了对培养创新型人才方面的重视，开始探索培养创新型人才的有效教育结构。在教学内容、教育安排上逐步向培养学生的首创精神、冒险精神、创业能力、独立工作能力，以及开创性性格品质方面发展。原始创新多发生于工学领域，工学类人才是原始创新型人才的重要后备力量。下面，以中国科学技术大学（以下简称中科大）和北京航空航天大学（以下简称北航）高等院校为例，介绍中国研究型大学在高等教育阶段对创新型人才培养的相关探索。

1. 中科大"全院办校、所系结合"创新人才培养模式的探索

"全院办校、所系结合"是中科大建校的办学方针。近年来，办学方针赋予了培养时代需求创新人才的新内容，核心是教育与科研的紧密结合，以适应创新型人才成长的内在要求。

（1）中科大与中国科学院大学近百家研究所签署合作协议，组成国内最大的科教联盟，与科研机构在人才培养、科学研究、基地建设、人员交流、资源共享等方面进行全方位、多层次的深入合作。学校聘请研究所所长担任院系领导，并聘请研究机构学者到学校开课和指导学生。每年有1 000余名中科大本科生到研究院所开展实践教学，占所有本科生的60%。

（2）中科大与研究院所从学科前沿和应用前景出发，双方共同设计相关学科的人才培养方案，促进学科建设、调整和优化学科专业及课程体系。学校与上海生命科学研究院共建的国内第一个系统生物学系，与广州生物医药健康研究院共建医药生物技术系等是这类合作的成果，有力地促进了在具备前景和原创性的领域培养创新型人才。

（3）高度重视学生科研创新能力培养，实施大学生研究计划。在教学计划中纳入学生进入实验室实践，学生参与课题组从事研究活动，等等。学生可以根据自身的兴趣爱好选择相关研究机构的课题和导师，参与科研项目，完成后得到6个学分。目前每年实施的大学生研究计划近800项，每届本科生中约50%的学生参与项目。

（4）实施"基础宽厚实、专业精新活、注重全面素质和创新能力培养"的教育原则，强调创新型人才的培养必须将教育与科研紧密结合，将通识教育与个性化培养相结合。中科大实施宽口径培养人才，在学院大类招生的基础上前两年不分系和专业，按通识课程、学科群基础课程、专业课程和集中实践课

程等模块设置课程体系,使学生在数学、物理、英语、信息技术等重要基础课程上打好扎实的基础。与此同时,突破流水线式的学生培养,以学生为中心探索因材施教。中科大少年班是全国闻名的典范,成才率极高。中科大在此基础上在本科生中推广,本科生可以有三次在全校范围内自主选择学院、学科、专业的机会,优秀者还有"本科—硕士"一体化学习的机会。基本实现了五个自主:自主院系专业选择、自主学习课程选择、自主教师选择、自主学习进度选择、自主修学年限选择。

(5)优选优育的"小而精"招生。中科大本科生每年招生保持在1 860人左右,没有扩招,坚持保持教育质量优良的"极限容量",不仅如此,中科大为本科生教学投入大量实验室和实验教育中心等资源,建设专门的创新基地和金工实习基地。资源的高度集中,使得学生从本科生到研究生,都可以平等地申请使用公共实验平台,操作先进的仪器设备。

(6)学科教育上"双力驱动、理工结合"。所有学科专业面向国家战略需求和国际科学前沿,理论科学与工程技术相结合。基础学科强调基础性、原创性、前沿性,应用研究强调广度和深度,整体学科在基础上突出新兴、交叉、前沿。

中科大的上述探索,不仅使自身成为中国优秀的研究型大学之一,而且培养了大批创新型人才,特别是原始创新型人才。

2. 北航四维人才培养模式的探索

北航强调"通识式基础教育、渐进式专业教育、开放式实践教育、自助式发展教育"四维创新人才培养模式。注重引导与自发并重,通才与专才结合,知识与能力匹配,从而探索创新型人才培养之道。

(1)本科生从大一入校便指定导师,前两年注重数理基础,后两年注重学科交叉。

(2)本科生从大三开始自由选修全校开设的任何课程,小班授课,且教师来源广泛化,不仅本校教师授课,部分课程邀请北大、清华等学校教师授课。

(3)以培养工科最高层次的"塔尖人才"为己任,强化对特别优秀的、有天分的学生的大师之路培养。采用小规模、高规格精英教育,在每年入校新生中"百里挑一",选出40余名学生组建精英班级,实施大师级顶尖人才培养方案。

(4)不自设专业,学生自主在航空航天、电子信息、自动化控制等十几个北航优势专业方向上选择。

(5)不设"天花板"、不设"围墙",环境宽松自由。学生可以跨学院选课,甚至跨校选课,让学生选择自己最喜欢的、最需要的课程,除参加学院实践活动外,还可以选择参加各类竞赛和专业学院提供的实践活动。

(6)通过聘请院士、长江学者、资深博导等高层次学者担任大师,以培养研究生的方式对本科生进行个性化培养,"一生一师"充分利用导师科研团队和实验平台,通过高层次导师的言传身教培养创新型人才。

从上述中科大和北航的案例中我们发现,在高等教育层级,中国研究型大学已经开始较大程度地重视创新型人才培养的探索,重点的探索方向集中在激发学生兴趣,提高学生自主性,加强创新型师资,选拔具备优秀创新潜力的学生,强化创新和科研实践训练等途径上,取得了一定的效果。但这些探索主要集中在资源丰富的重点研究型大学,尚未在中国普通大学中强化创新教育。

二、企业层级在创新型人力资本培养方面的探索

近年来,中国部分优秀企业在创新型人力资本培养上也进行了诸多探索。如中国民营企业中的优秀企业华为和国有企业中的优秀企业航天科工集团,在创新型人力资本培养方面做了相关探索。

(一)华为在创新型人力资本培养方面的探索

华为是中国著名的民营科技型企业,现已发展成为全球通信和手机巨头。华为的相关探索主要包括四方面。

(1)完善的研发人员培养保障。华为对人才引进、福利待遇、研发保障、人力资源管理等进行了系统性的建设,在员工保障方面舍得高投入,2016年在员工保障方面投入近100亿元,使得华为的科研人才流失率较低。

(2)多元化创新人才培养。华为联合上海交大等高校以及多个科研和培训机构等进行研发人才合作培养,并按照人才特性实施个性化方案,努力开发人才的个人价值。

(3)多元化引进和储备高素质研发人才,不仅限于本国人才,在海外人才方面也下了大力气,目前,华为外籍员工超过3万人,其中不乏创新型研发人才。

(4)重视研发人才培养的效果,将创新型人才培养、科研方向与企业发展战略、新产品新技术开发方向紧密结合,坚持长期性的原创科研投资。

华为的上述探索在整体上是成功的,华为30年的发展历程是一部人才培养史,在人才培养上的成功是其发展成为全球500强企业的重要支撑之一。

（二）航天科工集团在创新型人力资本培养上的探索

近年来，航天科工集团作为中国著名的科技型国企集团，在培养创新型人力资本方面进行了多元化的探索。

（1）将创新层面从科研本体拓宽，同时强调商业模式创新和管理创新，与科研创新构成"三创新"，以充分发挥创新型人才的功能，创造宽松的创新环境和创新氛围，实现充分的政策机制顶层牵引和激励。

（2）科研人才群体年轻化、带头人年轻化，优化研发人员年龄结构，以刺激人才的创新意识和创新努力。

（3）以爱国主义为精神引领，塑造青年人才理想人格，从而推动青年人才的创新动力。

（4）秉持中国军工界的优秀传统，全国一盘棋、全国军工集团、院校、实验基地、部队院所联合培养、联合科研，促进人才创新能力的成长和训练。

（5）与研究型大学合作培养创新型人才，例如，在清华、哈工大、北航、北理工、西工大五所大学设立"航天科工奖学金"，对科技创新型人才进行奖励，吸引他们投入国家航天科工事业。

（6）在引进先进技术的基础上消化吸收再创新，集成创新，并在两种创新基础上推进原始创新，成为国家创新型企业试点单位。

航天科工集团的创新型人才培养探索，充分发挥了其作为中央大型国企的资源优势，主要针对以往大型国企的痼疾，例如，研发人员论资排辈、科研与产品研发脱节等进行了改善和促进，也取得了不错的效果。

从华为和航天科工集团两个案例中我们可以发现，技术创新是企业利用原始知识并将其转化为新技术的过程。这一过程经历了模仿型、融合型、原始型的阶段①。在企业（组织）层级，中国科技型企业对于创新型人才的培养进行了较多探索。探索的方向主要包括：增加研发和培养投入，结合高等教育机构进行培养，优化创新型人才在企业的培养和功能环境以及加强保障，等等。

三、国家层级在创新型人力资本培养方面的探索

近年来，中国政府高度重视创新型人才的培养。2014年9月，国务院总理

---

① ZHI-MING ZHU, Research on evolution mechanism of technological original innovation——with mutation theory of respective [J]. Journal of service science and management, 2012 (1).

第三章 中国原始创新型人力资本培养的现状研究

李克强在夏季达沃斯论坛上发出"大众创业、万众创新"的号召。2015年6月,国务院常务会议明确了国家对"双创"的具体政策。这些政策可以代表在国家层级对创新型人力资本培养、应用和发挥功能的具体探索。政策包括:鼓励地方设立创业基金;对众创空间等办公用房、网络等给予优惠;对小微企业、孵化机构等给予税收支持;鼓励创新投贷联动、股权众筹等融资方式;取消妨碍人才自由流动、自由组合的户籍、学历等限制,创造创业创新条件;加强知识产权保护,打造信息、技术等共享平台①。

上述探索更多的是强调创业,但对创业中要求创新,要求以创新型人才引领创业还不够。2016年,习近平在"科技三会"②中发言强调,创新是一个国家和民族发展的重要力量,不创新不行,创新慢了也不行③。

从国家层面看,目前,中国政府的探索集中在创造更好的科研环境、创新环境上,强调造就大批战略科技人才,赋予他们更大的技术路线决策权、更大的经费支配权和更大的资源调动权。

四、社会文化在创新型人力资本培养方面的新趋势

中华民族是善于学习的民族,中国高速的经济发展、与国际经济和文化的快速深入对接,使中国近年来在民族性上逐渐呈现善于调整、善于跟上时代的特点。反映在创新型人才培养上,我们可以发现三方面趋势。

(1) 随着社会的发展,过去以物为本的理念逐渐退潮,以人为本的理念逐渐在社会得以普及。随着经济逐渐脱离粗放型成长阶段,中国逐渐认识到人才的重要性,对于管理人才、科研人才等价值认定的提高,对知识产权、科技重要性认识的提高,使过去的"红眼病"等传统痼疾逐渐减弱,知识有价、人才高价的观念逐渐被社会普遍接受,这种社会文化的变迁,有利于创新型人才特别是原始创新型人才的成长和资源倾斜。

(2) 随着与国际的深度接轨,中国大量吸取了发达国家培养创新型人才的经验教训,接触和了解了各创新型国家培养创新型人才,特别是原始创新型人

---

① 李克强主持召开国务院常务会议 [EB/OL]. www.gov.cn/guowa yuan, 2015-06-04.
② "科技三会"指2016年全国科技创新大会、两院院士大会、中国科协第九次全国代表大会,合称为科技三会。类似三个会议同时举行的是在1978年,当时邓小平提出了"科学技术是第一生产力"的重要论断。
③ 蒋建科. 创新更像种庄稼 慢了也不行 [N]. 人民日报, 2016-07-11.

才的各种机制和措施。这不仅反映在如何培养创新型人才上,还体现在对科技进步的注重和接受,而这种社会文化趋势还在不断增强,有利于创新型人才在社会各层面得到重视,从而推动创新型人才的培养和成长。

(3)互联网社会的来临使得创新知识和创新观念得以快速传播。相比以前能够在前所未有的广度和深度上,影响中国巨大的潜在创新型人才群体,使他们能够在互联网社会环境下快速积累必要的创新知识和得到创新启发,从而激发创新潜力。从长远看将增加中国同等规模数量下初级人才上升到创新型人才的比例,最终激发更多的原始创新型人才产生。

综合看,中国原始创新型人力资本培养的生态,整体上虽然还较为粗糙和低效率,但改进速度很快,发展空间巨大。

第五节 中国原始创新型人才培养与转化原始创新型人力资本

我们必须注意到,培养原始创新型人才,只是发展和积累原始创新型人力资本的基础。人才存在本身,只是一种"潜在"的人力资本,只有通过在良好的环境中对人才不断使用,使人才所具备的知识、创造力和技能因不断使用而产生经济价值,才能不断积累人力资本。原始创新型人才与原始创新型人力资本的转换关系也是如此。

原始创新型人才,具备丰富知识、高超智慧、杰出才能和娴熟专业技能,但这些素质如果不能与创造和劳动相结合,只能是潜在而凝滞的人力资本,不能产生原始创新型人力资本的积累。

原始创新型人力资本的培养,可以区分为两个阶段,前一个阶段的主要任务是培养原始创新型人才,如上文所述,中国目前亟须改进;后一个阶段的主要任务是投资原始创新型人才,使其发挥产生经济效益和提升科技水平的使用价值。相对而言,在后一个阶段,中国整体改进提升较大,现行环境有利于原始创新型人才发挥使用价值,形成原始创新型人力资本积累。这种情况产生的主要原因是,研发投入和研发基础设施的普遍改善,中国企业在激烈的竞争环境下对突破核心科技、掌控核心科技竞争力的强烈追求,以及国家相关政策的大力扶持等。

从未来趋势看,中国社会、经济和企业发展的趋势将进一步有利于原始创新型人才发挥使用价值并转化为原始创新型人力资本,主要包括三点。

（1）主要行业快速发展。中国在多个行业中形成了少数企业带领整个行业的趋势，这些企业规模巨大达到跨国公司水平，且产业科技水平已经发展到只能通过原始创新继续进步，而不可能再依靠吸收引进他国技术。为保持国内领先地位和全球竞争优势必须在研发上投入巨资，并注重吸引和培养原始创新型人才，以及通过不断投资发挥原始创新型人才的使用价值，从而快速积累原始创新型人力资本。

（2）综合因素下，中国原始创新型人才整体上越过"阈值"，从以往的"隐性"才能为主开始转向"显性"价值凸显。综合因素包括：研发投入和基础设施达到世界水平，通过国际交流与发达国家起跑线基本拉平，科研模式与组织迭代进步达到发达国家水平，等等，使中国原始创新型人才转化原始创新型人力资本的程度得到提升。

（3）整体上，国家和社会对原始创新型人力资本的积累越来越重视。社会环境、国家政策、资金投入，以及知识产权等方面的全面提升，有利于原始创新型人才发挥使用价值，实现原始创新型人力资本的积累。

第四章

原始创新型人力资本培养的
国际启示

第四章 原始创新型人力资本培养的国际启示

目前,国际公认的创新型国家有20个左右,在美国康奈尔大学、欧洲工商管理学院和世界知识产权组织最新发布的全球创新指数(GII)排行榜上,2018年,全球创新指数前十名的国家分别是:瑞士、荷兰、瑞典、英国、新加坡、美国、芬兰、丹麦、德国和爱尔兰。创新型国家的重要评价指标是研发投入占GDP的比例一般在2%以上,每百万居民中的研究人员人数较多,专利合作条约(PCT)专利申请量世界排名前列。根据联合国教科文组织2017年公布的数据,研发投入占GDP的比例前15名的国家均在2%以上,每百万居民中的研究人员人数在4 000人以上,除斯洛文尼亚和新加坡外,13个国家的专利合作条约(PCT)专利申请均在1 000件以上。

图4-1为研发投入占GDP的比例前15名的国家,及15国每百万居民中的研究人员数和专利合作条约(PCT)专利申请数。15个国家从"研发投入占GDP的比例"和"每百万居民中的研究人员数"两个指标上看区分度不大,但专利合作条约(PCT)专利申请数量差异较大。

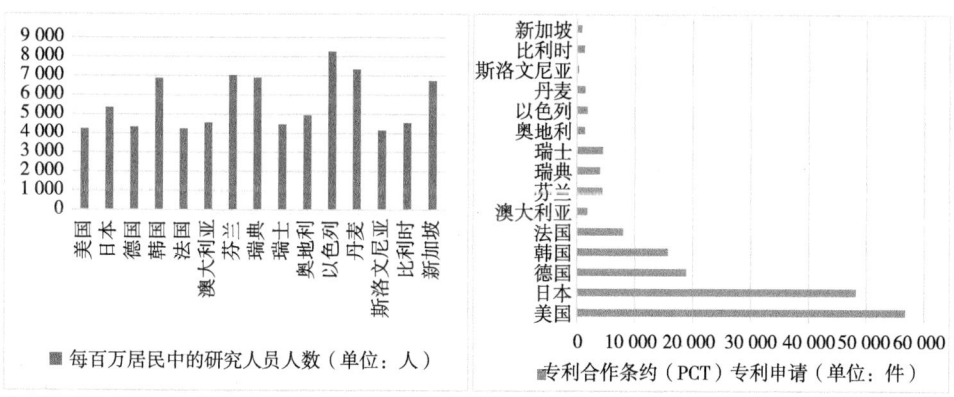

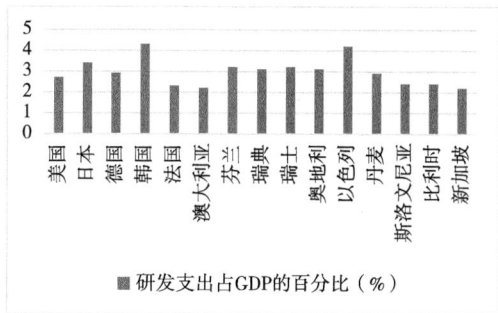

图4-1 每百万居民中的研究人员数和专利合作条约(PCT)专利申请数

美国、日本是传统创新强国,无论是研发投入占GDP的比例还是每百万居民中的研究人员数,以及专利合作条约(PCT)专利申请数均位列世界第一梯队。德国、瑞典、芬兰为欧盟国家,德国专利合作条约(PCT)专利申请数紧随美国、日本之后,瑞典、芬兰两国每百万居民中的研究人员数名列前茅,但专利合作条约(PCT)专利申请数位于中等水平。因此,本章选取上述具有代表性的五国进行分析。

第一节 美国原始创新型人力资本培养生态情况

美国是全球领先的创新型大国,拥有全球最大规模的原始创新型人才群落,拥有最丰厚的原始创新型人力资本积累,中国与美国一样是大国,因此,研究美国经验,对于完善中国原始创新型人力资本培养生态的意义是不言而喻的。

一、美国培养生态的教育体系

美国的教育体系以基础教育的"低水平"和高等教育的高水平而著称,这种奇异的悖论现象在美国极为突出,在欧洲其他发达国家也有类似情况。

(一)美国的基础教育体系

雅斯贝尔斯提倡苏格拉底的"催产式教育",认为教育是"接生"的过程,人们在教育中寻找"原我"而完善自身[①]。美国的基础教育,可以称为"诱导性接生教育"[②],认为知识非他人可传授,而是学生在思考和实践中自我领悟。因此,在基础教育中教师主要不是讲授知识点,而是不断提问,引导学生自己得到结论;整体强调观察、发现、思考、辩论、体验和领悟,学习的过程则成为发现问题、提出问题、思考问题、寻找资料、得到结论的技巧及知识的积累。因此,美国的基础教育,一方面使得很多学生缺乏基础知识的系统传授和扎实训练,形成美国学生在基础教育阶段的大面积低水平。与此同时,诱导性的教育使得少数美国学生获得了充分培养创新意识的机会和训练,这部分学生到高等教育和组织实践阶段脱颖而出,成为杰出人才。因此,美国基础教育的有效性和缺陷性都特别明显。

在美国的基础教育背后,事实上隐藏着社会达尔文主义的思想,即"牧羊

---

① JASPERS K. The idea of the university [M]. New Haven: Yale University Press, 1993.
② 秦春华. 什么是有效的教育 [N]. 光明日报, 2015-03-24.

人"和"羊群"的区别,只有少数精英才可以成为"牧羊人",多数人只是"羊群",精英领导羊群,羊群服从精英;精英推动社会进步,羊群跟随提供服务。因此,隐藏的社会达尔文主义思想,使得传统上美国基础教育认为培养出少数精英学生就达成了教育目的,这是基础教育缺陷性形成的重要原因。当然,在当代,以多数学生基础知识缺乏和低水平为代价的教育体系已经表现出越来越多的不适应性,主要是人类社会发展逐步进入知识经济和智能经济时代,多数人仅靠提供简单劳动力和服务已经不能满足社会需求。知识经济时代最有价值的全球商品就是知识,尤其是可以使企业和国家受益的新技术知识①。因此,美国的基础教育在近年来也开始变革,向强调基础教育扎实性改进。

但无可否认,美国"诱导性接生"的基础教育,对于培养少数原始创新型人才极为有利,少数优秀学生从小训练出强烈的创新意识和熟悉创造行为的有效过程,使得他们到大学阶段就表现出强大的创造能力。美国基础教育的特征,与中国形成鲜明反差,中国基础教育扎实,但过于强调应试和知识接受,创新训练不足。美国的弱项是中国的强项,而美国的优点则是中国的弱点。

(二)美国的高等教育体系

美国的高等教育著称于世界,多个大学以其高质量的产生原始创新型人才和原始创新成果著称,是半个多世纪以来全球科技进步的重要来源。

研究原始创新型人力资本值得关注的主要是研究型大学。美国研究型大学的指导思想源于德国洪堡创建柏林大学的思想,即著名的大学三原则:"大学自治""学术自由""教学与研究相统一"。尤其是教学与研究相统一原则,可以认为是美国高等教育中研究型大学的最高指导思想。在该思想的指导下,美国高等教育注重理论与实践相结合,在研究中注重问题性、合作性与实践性的统一。实践课程在美国研究型大学中占高比例,通常超过30%,例如,斯坦福大学为36%,南加州大学达32%②。美国的高等教育体系,严格贯彻精英教育观,保持了基础教育的思想基础,以选拔和培养精英学生为目标,整体课程设计、教学模式和教育资源均向培养创新型人才倾斜。在这种模式下,美国的本科教育,严格意义上仍是一种大比例淘汰机制,到研究生阶段,使得美国教育

---

① GORMAN M E. Types of knowledge and their roles in technology transfer [J]. The journal of technology transfer, 2002, 27 (3): 219 – 231.

② 董少鸣,等. 从中美教育的比较看创新教育 [J]. 河北科技大学学报(社会科学版), 2004 (4).

成果极其突出，原始创新人才和创新成果层出不穷。

整体上，从基础教育到高等教育，美国的教育体系表现出高度的竞争性和大比例的淘汰性。无可否认，这种体制下造成美国基础教育甚至部分本科教育的多数学生的低水平，但同时促进了创新型人才在竞争中脱颖而出，特别有利于高端原始创新型人才的培养，做到了资源向原始创新型人才的优化配置。这是美国原始创新型人力资本积累深厚的最重要基础。

二、美国培养生态的组织（企业）体系

培养生态的组织体系，即学生完成高等教育后，在工作中继续教育和培养所处的体系。在这个层次，美国的社会结构使得创新型人才集中到研究机构、大型企业、创业型科技企业等组织平台上，而这些组织也提供了大量的资源用于创新型人才进行创新活动、创新研发和继续教育培养。在组织体系方面，美国以企业为主的组织平台的特点是极其注重员工培训和研发投入。

员工培训方面，美国企业特别是大型企业通常将员工培训视为企业重要的战略投资之一。1991—2011年，美国企业员工培训投资几乎年增5%，2012年，美国培训支出达到558亿美元。美国企业通常拿出销售收入的1%~5%或工资总额的8%~10%作为企业培训经费。美国的员工培训一般集中在知识培训、技能培训和素质培训3个方面[①]。

研发投入方面，美国是全球最大的研发投入国，每年投入科技研发的投资超过4 000亿美元，每年占美国GDP总额之比一直保持在2.5%以上。且美国非政府组织（企业为主）在美国研发投入中占据主角地位，占全社会研发投入的2/3左右。以2009年为例，美国研发投入4 005亿美元，其中联邦政府1 244亿美元，州和地方政府37亿美元，大学114亿美元，其他非营利机构136亿美元，而美国私营企业则为2 474亿美元，占全部研发投入的62%，可谓绝对主力[②]。除此之外，研究发现，科研人员会受到企业福利制度的激励而更好地完成工作目标，因此，企业还设计了完善的福利制度用于科研人员的激励投入[③]。

---

① 管伟力. 美国企业的员工培训 [J]. 企业改革与管理, 2009 (3).

② 美国驻华大使馆博客. 美国科技研发投入雄踞世界榜首, 但是面临挑战 [EB/OL]. https://blog.sina.com.cn/s/blog_ 67f297b00102eezq.html, 2013 - 11 - 19.

③ DENCKER J C, JOSHI A, MARTOCCHIO J J. Employee benefits as context for intergenerational conflict [J]. Human resource management review, 2007, 17 (2): 208 - 220.

上述情况表明,在组织系统层面,以美国企业为主的社会组织,将创新型人才纳入各类科研组织平台,然后通过持续的企业培训和高强度研发经费投入,使创新型人才在工作技能应用、培训再教育、充分的研发基础设施、研发实践等构成的良性系统内发展和成长,从而能够产生大量的原始创新型人才和原始创新成果。

三、美国培养生态的国家体系

美国的国家创新体系在全球是非常完善和强大的,国家层级的科技创新体系,是美国半个多世纪以来保持全球领先科技优势的重要因素之一。

(一)美国国家层级创新体系的生态系统结构

从国家层面看,美国国家创新体系可分为四个组成部分:联邦政府、企业、大学和非营利组织[1],它们通过用户和市场相互作用,形成比较完整的生态系统,并力求为各自的目标创造最大的利益。

最高层次是联邦政府,美国联邦政府有多个部门具有科技管理的职能,并由白宫科技政策办公室牵头制定和实施联邦科技政策。中间层次为企业,是美国科技研发的主要投资者。近20年来,美国企业的研发投入占全社会研发投入的2/3。基础层次是大学和非营利组织,是基础科研的活跃力量[2]。

(二)美国国家层级创新体系生态系统的基础部分

1. 资金

第二次世界大战以来,美国联邦政府、企业、大学和非营利机构的研发投入一直处于世界领先水平,尤其是在高技术领域的投入较大。主要有以下特点:①研发投入占GDP比例长期维持在2.5%左右;②高技术在研发投入中占主导地位;③政府发挥推动科技投入的主导作用;④企业成为研发投入的主体;⑤大学和非营利机构研发投入稳定增长[3]。

2. 人才

美国很早就认识到,科学的竞争首先是人才的竞争。科学家是研发的核心,尤其是原始创新型科学家。美国在遇到重大战略挑战时,首先会强调人才

---

[1] 中央企业班组长培训团. 中央企业班组长赴美培训纪实[J]. 现代班组, 2011 (1): 4-11.
[2] 中央企业班组长培训团. 中央企业班组长赴美培训纪实[J]. 现代班组, 2011 (1): 4-11.
[3] 安宁, 罗珊. 主要创新型国家科技投入分析及经验借鉴[J]. 华南师范大学学报(社会科学版), 2008 (2): 32-37.

培养。罗珊总结了为美国培养了大量人才的有效举措，包括六个方面[①]。

（1）不断加强国人的科学、工程与数学的教育。半个多世纪以来，历届美国总统都把提高教育投入作为竞选的亮点之一。"9·11"之后，布什总统在检讨美国政策时提出了改革教育体系，把提高中小学的科学和数学水平放在首要位置，并开始实施5年期10亿美元的"数学与科技伙伴计划"。但需公允地看到，事实上美国人学习科学、工程与数学的比例在不断下降，美国在这些方面的人才主要依赖国外人才，说明这些政策实质取得的成效相对有限，这与各类人才对就业报酬的判断有关。

（2）大力吸引技术移民。美国是一个移民国家，历来十分重视吸引全世界的科研人力资源，对于特殊人才和高技术人才，则采取各种优惠政策，广为延揽，以优厚的待遇和良好的研究环境吸引了大批科学家落户美国。[②]。

（3）吸引各国优秀后备人才的留学生政策。美国大学数量众多、品质优良。联邦政府通过发放助学金等政策，每年吸引了国外大量的优秀学生来美读书，成为美国社会未来的人才后备和重要资源。例如，2001年，从美国大学毕业的硕士生中非美国居民占比为13%，博士生中非美国居民占比为24%[③]。2006—2007年，美国接受国际学生58.3万人[④]。美国教育部统计数据表明，每年在美的外国留学生中技术方面的研究生比例占主导地位，其中数学和工程博士占55%，工程和计算机硕士占50%[⑤]。为了加强对人才的争夺，近年来，美国进一步将人才开发的关口前移，如普林斯顿大学、康奈尔大学等开始对国外优秀的高中生发放助学贷款或奖学金，吸引他们来美读书，使他们更早地融入美国社会，并最终为美国服务。

（4）实施特殊人才政策。美国凭借科技和经济实力构筑的国家实验室、大学和企业研究中心，财力雄厚，资金充足，设备精良，待遇较高，常年吸引了

---

① 罗珊．区域科技资源优化配置研究：以广东省为例［D］．长沙：中南大学，2008．

② 曹欢，郭朝晖．美国引进高层次创新型科技人才的政策及启示［J］．湖北教育领导科学论坛，2011（2）：66-68．

③ 李燕．"偷美国人工作"还是"帮助推动美国经济"［EB/OL］．guancha.gmw.cn/2004-4/16/1089001.htm，2004-03-16．

④ 曹欢，郭朝晖．美国引进高层次创新型科技人才的政策及启示［J］．湖北教育领导科学论坛，2011（2）：66-68．

⑤ 刘长虹．世界各国开发利用国际人才资源的特点［J］．广东科技，2008（193）：67-70．

大批国外优秀学者来美国进修和工作。

（5）直接到海外争夺人才。近年来，美国公司纷纷到海外设立研究所，高薪聘请当地优秀人才为美国公司工作。

（6）合理待遇与人才流动机制。人才资源作为劳动力资源的一部分，按照市场需要进行选择和调节，是美国人才资源政策的一大特色。在政府部门、企业和高校任职的各类人才，都由供需双方自由招聘，使得人才资源得到较好的配置和使用，人才的能力和作用得到了较好的发挥。

3. 培养和研发的基础设施

（1）资助研究型大学。近50年来，在美国政府的资助下，研究型大学在美国的高等教育系统中扮演着主导角色，主要表现在四方面。

第一，研发活动活跃。根据美国科学基金委员会（NSF）的统计，2000年以来，大学的研发活动较为活跃，研发投入较20世纪90年代中后期增加了近两倍。而前100名大学获得了联邦政府投入大学研发经费的80%以上[1]。美国对原始创新型人才的基础研发培养集中进行资源配置。

第二，人才培养成绩斐然。据统计，占高等院校3%的125所研究型大学，授予了全美32%的学士学位，其中56%的学士学位获得者还得到了科学和工程博士学位[2]。

第三，学术成果显著。美国研究型大学的学术成果产出很大，使得美国在《科学》和《自然》等一流科技刊物上发表的论文数、SCI引文数等长期处于世界领先水平，获得诺贝尔奖和各类科学奖的科学家人数居全球之冠[3]。

第四，技术转移的核心。1980年《拜—杜法案》颁布以后[4]，全美研究型大学均成立了技术转移中心，大学的科研成果向企业尤其是中小企业转化较为活跃，大学成为美国技术转移的核心。像硅谷、128公路等科技园区都是依托研究型大学建立的。

（2）兴建国家实验室。目前，美国联邦政府有约700家国家实验室和

---

[1] 胡长生. 美国高校创新创业及其作用[J]. 江西教育学院学报, 2006（3）: 98–102.
[2] 钟永泉. 我国研究型大学核心竞争力的研究[D]. 武汉: 华中农业大学, 2007.
[3] 李世清. 从创新创业环境探讨美国的持续创新力[J]. 特区实践与理论, 2016, 216（1）: 109–113.
[4] 《拜—杜法案》: 美国参议院Brich Bayh和Robert Dole提出, 1980年国会通过。法案鼓励政府资助的研发项目成果申请专利。该法案使得私人部门享有联邦资助科研成果的专利权成为可能, 从而强力促进了科研成果转化。

研究中心，主要分布在国防部、能源部、健康与人类服务部、农业部等部门。

（3）创建和完善信息共享体系和机制。美国是一个非常重视统计的国家，同时也非常注重信息共享。美国的《信息权利法》规定，对于政府部门和政府资助的项目，纳税人有权索取有关信息，尤其是网络和计算机技术发展以后，信息共享对于美国科研环境和科技水平的提高起到了非常重要的作用。

上述由国家层级推动和提供资源的人、财、物的组合，构成了美国创新型人力资本培养生态系统的基础部分。这种投入规模庞大、覆盖范围广、注重资源共享的生态基础，是美国成为全球科技领先国家和原始创新型人力资本培养最主要国家的基础。

（三）美国国家层级创新体系生态系统的环境塑造部分

在人、财、物投入的基础部分之外，为了完善国家层级创新体系，美国还在生态系统的环境塑造部分进行了大量建设。

1. 依法建设科技创新体系

除美国总统白宫科技政策办公室外，农业部、卫生部、能源部、国防部以及国家自然基金会等16个政府部门涉及科技管理职能。它们通过各自的渠道和方式支持美国全国的科学研究。这些部门下辖700余个国家实验室和研究中心，构成了美国联邦政府科技创新体系国家队的主体。

2. 智库——美国科技政策发展的三份重要报告

美国重要科技计划和科技发展战略的思路与美国智库的研究报告关系密切。在近代美国科技政策发展史上，有三份报告影响巨大。

第一，《科学：无尽的前沿》。报告提请美国政府有推动科技发展的责任，以确保美国拥有在战胜疾病、增进福利和国家安全方面所需的足够的科学知识，促使美国重视科技人才的培养和造就，加强美国大学和科研机构的基础科学研究和人才培养[①]。

第二，《美国制造》在分析美国产品与日本产品相比缺乏竞争力时指出：美国企业的创新能力和劳动生产率下降，原因是美国重大关键技术领域的国际

---

① 范内瓦·布什，拉什·D霍汉特.科学：无尽的前沿［M］.崔传刚，译.北京：中信出版集团，2021.

第四章　原始创新型人力资本培养的国际启示

领先地位受到严重挑战①。《美国制造》对当时的美国产生了巨大影响。如何促进科技进步，加快科技转移的步伐，成为美国政府和企业的当务之急。

第三，《科学与国家利益》是一部科技政策报告，该报告指出：科学技术不仅是无尽的边疆，更是无尽的资源②。科学是现代知识经济社会的基础，强大的科技力量是把握未来的宝藏。美国政府将把今天对领先科技的长期投入，视为对未来的"风险投资"，以确保美国在科学技术上的世界领先地位，以更好面对世纪的挑战。为此，报告提出将美国研发投入占 GDP 比率提高到 3%。

3. 鼓励科技创新的重要法律和政策

美国政府关于科技创新的法律和政策很多，形成了推动科技创新的良好政策环境，其中以《专利法》影响最大，也最久远，而《拜—杜法案》等促进技术转让的系列法律，对近 20 年来的美国科技发展起到了至关重要的作用。重要法律和政策有三部。

（1）保护发明人权益的《专利法》。《专利法》是美国保护知识产权，维护创新发明人权益的重要法律之一。美国是世界第一专利大国，专利申请量居世界前列。

（2）促进技术转让的《拜—杜法案》。《拜—杜法案》是美国 20 世纪 80 年代初期颁布的一系列科技转化法中的一个，也是其中最耀眼的一部法律。《拜—杜法案》使得政府资助所得的研发成果可以通过专有或被专有的方式授权给产业界，以此促进美国大学和科研机构的技术转让、知识的扩散和传播。《拜—杜法案》及其相关技术转让法实施后，带给美国两个巨大的变化：一是《拜—杜法案》为国立高校的教师和科研人员带着专利和技术创办企业创造了条件，使得美国诞生了一大批新兴科技企业和高新区，如惠普公司和著名的加州硅谷；二是企业对科技的投入大量增加，包括风险资本的投入，使得美国高新技术的发展和商品化进入快车道。

（3）重大科技计划促进产业发展和提高竞争力。

第一，美国推动国家科技创新发展的重要手段之一是实施重大科技计划。柯新总结了 2000 年以来，美国联邦政府推动的重大科技发展计划。这些计划

---

① 惠永正，武夷山. 建设一个更有生产效率的美国的使命：《美国制造》节选 [J]. 中国软科学，1999（2）：46-49.

② LAGOWSKI J J. Science in the national interest: More thoughts. [J]. Journal of chemical education, 1994, 71 (12): 1001.

主要集中在 3 项可能改变未来经济形态的科技发展上：生物、纳米和氢能源，对应着生物经济、纳米经济和氢经济①。美国实施重大科技计划的特点：一是周期长，通常是 10~15 年，并能带动未来的经济发展。如氢能技术计划规划到 2040 年过渡到氢经济时代；二是经费得到保证，确定实施的科技计划，经费将在国会的预算和其他授权法案中得到保证，以确保计划的实施；三是符合国家重大战略目标的实现；四是注重人才培养，尤其是原始创新型人才的培养。几乎每一个重大计划都有与人才培养有关的目标和条款，如国家纳米计划要求到 2010 年培养 80 万名纳米人才，以保证美国在纳米技术的领先地位。有些甚至要求从中小学做起，在教材和教学中提高对重大科技发展的认识和兴趣培养。

第二，政府与企业携手科技开发。在推动美国企业发展和科技创新方面，尤其是涉及对外竞争方面，联邦政府发挥了重要的作用。首先，政策引导。如，20 世纪 80 年代的技术转化系列法规，是政府鼓励国家实验室技术向企业转移的措施。还有布什的减税法案，鼓励企业对新技术研发的投入。其次，执行政府—企业伙伴计划。例如，商务部的"先进技术计划""制造技术推广计划"，能源部的"美国纺织合作伙伴关系计划"，国防部的"技术再投资计划"和中小企业局的"中小企业创新研究计划"等。最后，委托研究。联邦政府的科研项目，例如，波音、通用、洛克希德和麦道等公司承担了许多大型军事科技项目，增强了企业的科技力量，刺激了军事技术向民用技术的转化。

第三，风险投资是美国高新技术企业发展的孵化器。风险投资通过资本的纽带将技术、资本、企业和市场联结在一起，风险共担，利益共享。美国风险投资制度的建立和发展有三个特点。

一是政府政策引导。1958 年，美国国会通过了《中小企业投资法案》（SAIB），成立了小企业管理局（SBA）和小企业投资公司（SBICS），允许小企业投资公司向美国政府的"小企业管理署"贷款到相当于自身资产 3 倍的款项，并可以享受税收的优惠和低息贷款的扶持。20 世纪 70 年代末 80 年代初的减税法案——《小企业投资促进法》、《小企业创新发展法》以及技术转移系列法令，加速了风险投资的发展，尤其是面向高新技术企业的风险投资。

二是市场配置资源。美国的风险投资之所以能够快速发展，主要是得益于

---

① 柯新. 创新型国家建设改变国家命运之举[J]. 创新科技，2007（9）：14-19.

美国良好的市场经济环境和相对成熟的资本市场,政府并不参与具体的运作,只是通过制定法律和政策调控资本市场的发展,规范市场行为,资本资源主要通过市场这只"看不见的手"进行配置和调节。

三是投资主要投向高新技术公司。美国风险投资的一个显著特点,是投资主要对象是中小型高技术企业。据统计,美国 3/4 的风险资本集中在软件开发、通信、计算机设备制造、生物制药、消费品等高技术领域。

上述国家层级的创新型人力资本培养生态,对美国原始创新型人力资本的培养和积累提供了坚实的基础,是美国科技领先世界的最重要基石。

四、美国培养生态的社会文化体系

如果说教育、组织(企业)与国家三个层级构成了原始创新型人力资本培养生态的主体,那么社会文化体系则从文化、舆论等方面给予美国创新型人力资本培养的其他养分。

(一)危机文化塑造美国人的创新意识

美国建国历史不长,但在经济、军事和科技上创造了许多奇迹,尽管如此,美国却一直有着很强的危机感①。正如美国康奈尔大学曾经做过的"青蛙试验"②,避免陶醉于以往的成绩,而当危机来临时丧失了对抗风险的能力。强烈的危机感和自省力,首先使得美国能够居安思危,时刻准备面对竞争对手的挑战,以保持美国的强盛和战略上的优势地位;其次是美国善于吸取教训,并采取有针对性的改进措施和务实的政策;最后是把敢于面对挑战,勇于创新并战胜危机视为英雄壮举。

(二)独立和个人奋斗文化激发美国人的创新精神

美国的民族性是非常个人主义的,个人主义观念中体现的重要文化精神就是个人独立和个人奋斗。从孩子开始,美国家庭和幼儿教育中就开始鼓励儿童的自主和自立,而美国家庭中父母很少将自身意志强加于子女,在这种教育背景下,美国学生在自我判断、自我决策、自我负责、不随波逐流和人云亦云方面意识较强,而这种文化精神对培养原始创新型人才是非常有利的。原始创新

---

① 建国. 创新的有效保障措施 [J]. 创新科技,2007(10):17-19.
② 青蛙实验:100 多年前,美国康奈尔大学所做的著名实验,验证"温水煮青蛙"的事实。即将青蛙放入沸腾的油锅,青蛙迅速逃生;而将青蛙放入温暖的水中,则青蛙不觉得危险,当意识到危险来临时,已失去了逃生的机会。

型人才需要有强烈的个人决断力和自动获取知识的能力。直白地说，原始创新型人才不是已有知识的传承者，而是已有知识的怀疑者和反对者。

（三）社会达尔文主义对美国创新精神的影响

社会达尔文主义思想潜伏于美国文化的深层，对美国政策形成与体制构建发挥着潜移默化的影响。100多年来美国教育和经济体制的改进，使得创新型人才之间的竞争相对较为公平，利于原始创新型人才的脱颖而出和获得优质资源的倾斜配置，从而有利于产生诸多原始创新型成果。

社会达尔文主义造成美国贫富分化日益严重，不利于保障大多数人的利益，而日益严重的贫富差距等问题对美国发展造成了非常负面的影响。

综上所述，美国的原始创新型人力资本培养生态，是一套复杂而较为完善的综合体系，由教育体系、组织（企业）体系和国家体系构成了层层递进、不断选拔和资源倾斜的创新型人力资本培养生态，并且得到了美国社会文化体系的支持和渗透，四层体系综合之下，使得美国成为全球科技大国，成为半个多世纪以来原始创新型人才最富集，原始创新成果最多、最领先的国家。

尽管美国的科技实力居全球之冠，但面对当今科技的迅猛发展，美国始终保持着危机意识。2004年，美国竞争力委员会的年度报告《创新美国》指出，21世纪的科技创新面临新的发展：一是科技创新速度加快；二是交叉学科和技术的融合越来越普遍；三是科学家与工程师之间，以及知识的创造者与用户之间的主动交流与合作增强；四是消费者热衷于新思想、新技术和新产品，驱使更多的创新技术和产品的出现；五是经济全球化带来的创新中心国际化和创新经济时代的到来。如果说工业经济时代企业的核心资产是机械和体力，创新经济时代，智力资本已经成为企业的核心。只有在智力资源、投入和基础设施三个方面加强美国国家创新体制建设，才能保持美国科技在国际上的竞争力和领先地位[1]。

当然，随着中国科技的崛起，美国在全球科技领先领域和成果比例上的优势有所降低，美国经济在其他方面的弱点最近几年来开始扩大和深化，例如，严重的贫富差距、高企的政府债务、逐渐落后的基础设施。这些问题使得很多美国企业在全球的竞争力削弱，也降低了美国经济在全球的地位，这些方面影响到了科技领先为美国带来的领导地位和经济收益。美国目前的科研经费不足

---

[1] 罗晖，程如烟. 美国的"国家创新倡议"[J]. 中国高新区, 2006（1）: 88-89.

等问题也开始成为严重的问题,开始部分影响美国这个全球最完善的原始创新型人力资本培养生态系统。

第二节 日本原始创新型人力资本培养生态情况

日本的原始创新型人力资本培养生态,可谓前期追赶成功和近期明显衰落的典范,因此,可以为中国提供正反两方面的经验和教训。

一、日本培养生态的教育体系

日本的教育制度,自 1872 年《学制》开始成型。第二次世界大战后模仿美国进行了教育改革,其标志是 1947 年的《日本教育基本法》,这个阶段的改革卓有成效。主要体现在四个方面。

(1) 义务教育成效斐然,为原始创新型人才的培养奠定了良好基础。第二次世界大战后到 20 世纪 80 年代,日本九年制义务教育普及率达到 100%,而且教育质量之高为世界公认。

(2) 教育法规体系极其完备和组织化。教育制度全国统一、细密配套,其组织规程虽显烦琐,但在规范之下,使得日本政府的教育思想贯彻深入。

(3) 模仿德国高度重视职业教育。日本将职业或实际生活所需技能训练作为高中教育的重要内容,甚至创办 2 年期短期职业大学。就业后,各种职业训练给予不断跟进的职业继续教育,并重视技能定期考核。

(4) 教育投入不断扩大规模。日本教育投入占 GDP 的比重,20 世纪 70 年代中期超过 5%,80 年代接近 6%[①]。教育投资的扩大使得日本学校师资充裕。

因此,日本的基础教育极其扎实,这是日本第二次世界大战后 40 年中高速发展的重要原因。在这一阶段,日本的创新型人才包括原始创新型人才的培养总体上是成功的,一方面,在消费电子等日本重点产业领域,原始创新型成果层出不穷;另一方面,日本成为全球仅次于美国的第二大科研和专利大国,其诺贝尔奖获得者的人数是亚洲第一。

但是,这个教育体系也表现出明显的"产业社会型学力",而不是日本追求的"多文化共生共存社会型学力"。其基础教育特点与中国类似,学生反复

---

① 李祖超. 日本的教育现代化之路及其对中国的启示 [J]. 清华大学教育研究, 2004, 25 (3): 7.

练习和记忆知识,基础知识积累深厚,但知识应用和质疑精神欠缺。学习工具化倾向严重,将学习异化为掌握知识,而非创造发展,且日本教育制度虽完备但僵硬,考试竞争激烈,"一考定终身"并非中国特有,日本也一样。过于强调应试教育影响了真正创新型人才的培养,更不利于培养高端的原始创新型人才。日本各界认识到这些问题,认为日本的教育制度对于引进技术非常有效,而当这个阶段结束后,这种只适应大工业和规模经济时代的教育模式的作用就急剧降低了。其缺乏基础性研究和创造力的弱点表露无遗,是一种平凡化的教育。随着日本转向知识经济,大学除了传统的研究和教育使命外,还被赋予了转让技术的新使命,产学研合作的理念因此获得了社会的认可,但是,政府是否应带头促进这种产学研合作仍存在争议①。

20世纪90年代日本开始了新一轮的教育改革。受美国新自由主义思想的影响,日本的教育改革是一种新自由主义倾向的改革,"小政府、制度松绑、民营化"成为指导思想,尊重个性、尊重个人尊严、赋予教师选择权和自主权,提倡自由选择、自身负责,形成多元化和多样化的教育体系。

然而事与愿违,从实践看,很难说日本教育改革取得了成功,甚至可以说其教育改革是失败的。

第一,日本的基础知识性教育出现了下降,自由的结果并未多产生创新型人才,反而在一定程度上忽略了学生的基础知识教育。

第二,日本的创新型人才包括原始创新型人才并未表现出增加,相反,呈现萎缩趋势。近年来,日本专利数量下降,原始创新型成果不见增长,特别是在互联网等新兴科技领域,日本几乎没有一个新产业成功占据世界前列,在这一轮新产业兴起中,日本几乎是缺席的。这种现象表现出日本原始创新型人力资本的匮乏,其原始创新型人力资本培养生态并未建设成功。

第三,由于缺乏原始创新型成果,日本大企业失败不断,"技术领先的日本"逐渐成为被历史遗忘的过去。松下、索尼、三洋等企业的萎缩甚至失败,震撼了日本,也为全球所瞩目。

第四,日本科研界缺乏科研新星,在日本科研界挑大梁的还是年纪比较大的前辈学者,后继乏力。

因此,日本教育体系的成功在于普及、规范和基础扎实,而失败则在于未

---

① MASAHIKO A. Industry - University cooperation to take on herefrom [EB/OL]. http://www.rieti.go.jp/en/columns/a01_0047.html, 2002-06-11.

第四章　原始创新型人力资本培养的国际启示

能成功调整增强创造力和创新意识，教育改革的失败使这种情况更加恶化。

二、日本培养生态的组织（企业）体系

日本企业的产业结构以企业集团化和上下游企业密切合作为特点，其企业研发则以独立自主学习、内部再教育、逆向工程（reverse engineering）、部门横向交流、渐进式创新为特点。主要表现包括三方面。

（1）企业研发经费投入巨大，甚至超过了美国。例如，2006年，日本企业研发投入占日本GDP的比例达到了2.4%（当年美国为1.8%），政府研发投入占GDP的0.3%，而高校研发投入占GDP的0.4%，合计研发投入占GDP的3.1%，超过了美国的2.4%[1]。从上述数据可以看到，日本企业投入占日本全部研发投入的比例高达3/4，超过了美国的2/3，日本企业成为日本研发投入的绝对主力。

（2）企业内部培养偏向于技能职业教育。日本企业通过在职培训、脱产培训、补贴自我开发、函授、轮岗培训、生产推进中心[2]培训（global production centre，GPC模式）、工业学园培训[3]等模式进行多方面的内部人才培养。这种培养机制强化了日本大企业在应用研究和开发研究上的能力，但也存在适合培养应用型人才而难以培养原始创新型人才的弱点。

（3）选定方向后的持续性开发、不断精进技术成为日本技术研发的特点。日本企业擅长于在选定技术方向上持续开发，不断精进，使得产品技术不断改进、成本不断降低从而成为市场领袖。以往日本在家用电器等消费类电子产品上的成功是其典范，一些著名企业，如索尼、松下、夏普、日立等在此方面表现出鲜明的特点。

日本的企业组织体系在20世纪80—90年代取得了很大的成功，一度被认为是替代美国的更优秀选择。但随着时间的推移，其组织（企业）体系的弱点开始暴露，在国际竞争中逐渐力不从心，近年来表现出三方面颓势。

其一，企业封闭式创新，缺乏对世界科技和产业方向转移的敏感，经常选

---

[1] OECD（2006）关于日本经济的调查报告，将日本与20多个创新型国家进行了数据对比。
[2] GPC生产推进中心：由日本丰田公司始创于2003年，用数字化技术在全球丰田工厂进行基本技能、要素作业、标准作业、现场管理和工厂经营的培训。
[3] 1937年，丰田创始"丰田工业学园"，目标为培养技能型高级人才，通过招收初中生拉长职业教育的实践，使其获得目标领域的技能型人才。

择性错误，使得研究浪费并使企业失去竞争力，而在错误的研发方向上发力难以培养出优秀的原始创新型人才。

其二，企业重技术、轻科学，重技能、轻创新。科学与技术发展不平衡，当向美国或其他先进国家可以学习的科技没有方向时，日本企业表现出茫然和无从选择，未能实现向原始创新型企业的转向。

其三，国家科研资源过于集中在大企业。近年来，日本大企业"企业病"严重，论资排辈的传统和研发上的保守使得原始创新型人才难以涌现，而中小企业缺乏研发资源，无论是人才还是资金都普遍匮乏，与美国原始创新型中小企业的蓬勃发展形成鲜明对照。

近年来，日本科技神话如同日本的产业神话，在全球逐渐消散。但我们仍然需要看到，很多日本企业仍然维持和发展了良好的科研体系，在整体上日本原始创新型人才和原始创新成果仍较丰厚，背后深厚的教育和科研积淀仍然值得我们高度重视。日本持续地对研发的高投入，使部分产业领域，例如，汽车、电子零部件、化工等，不断涌现出良好的原始创新型人才和原始创新成果。

三、日本培养生态的国家体系

日本是发达国家中的后进国家，国家创新系统是从明治时代（约19世纪70年代）开始初步构建，在第二次世界大战后开始重建，大致到1980年完成了重建。1980年后日本又对其国家创新系统开始了调整。

日本国家创新体系受到日本国家战略的影响很大。日本国家战略经历了从"贸易立国"到"技术立国"再到"科技创新立国"的历程，其国家科技创新体系的重点相应地从早期的"吸收型""模仿型"，重视技能型人才培养逐步发展为"领先型"战略，越来越重视原始创新型人才培养。日本的国家创新体系在日本发展的每个阶段，都针对性地制定了有步骤且阶段特征明显的政策制度和战略实施对策。

整体看，日本国家创新体系在早期和中期模仿与追赶阶段成效显著，是使日本经济发展实现跨越，成为当时全球第二大经济体和世界经济发展典范国家的重要原因之一。但日本国家创新体系在近年来表现普通，离建设"科技领先型"国家的目标还较远，虽然应用型原始创新成果表现良好，但基础型原始创新成果较为匮乏。

日本国家创新体系的特点主要包括四点。

（1）日本以政府为国家创新系统的构筑者。日本的创新体系较为封闭，而政府则进行了细致的无微不至的国家创新方向和策略的规划并投入资源，在某种意义上具备"计划经济性"，而较少具有美国的"自由竞争性"。

（2）日本以企业为国家创新系统的主体。前文已指出，日本企业研发投入高达日本研发投入的3/4，尤其是大企业，又占了企业研发投入的80%以上，日本企业的产品以精细和性价比高著称，其背后就是大企业对于遵循的技术路线的不断精进。但日本的缺陷在于缺乏美国大批量的原始创新型的中小企业，大企业容易得"大企业病"，美国70%以上的原始创新型产品都是由创业型中小企业发展的，日本缺乏这种环境。

（3）日本以公共研究部门为国家创新系统的知识库。日本在大学方面的研发资源集中于少数日本一流学府。东京大学等学校的基础研究具有世界声誉，最近数十年中培育出不少获得诺贝尔奖的科学家，直到现在日本仍然是亚洲获得诺贝尔奖最多的国家。但整体上，由于历史和文化原因，日本相对重技术、轻科学，基础研究虽然在局部有所成就但在整体上较为薄弱，缺乏独创性。近年来伴随日本经济的停滞，科研创新特别是原始创新似有不进反退之势。

（4）日本以产官学相结合为国家创新系统的基石。政府出政策，企业根据政府政策配套发展产业，大学则根据国家政策与企业合作研发，整体形成了一个长期紧密合作的生态系统。这是日本相对其他国家更具系统组织力的表现，为日本科技的进步发挥了重要作用。但这个生态的最大弱点是封闭性，日本终究国家较小、人口较少，封闭性形成了内部市场性，与外界的交流和合作较少，科技研发上的盲目性较高，而政府和大企业主导下的科技创新反映出一种制度上的滞后，难以将资源倾斜到年轻的原始创新型人才上。

四、日本培养生态的社会文化体系

综合看，日本社会文化体系对科技研发特别是原始创新的影响既有积极的一面，又有不利的一面。

（一）社会文化体系的积极方面

第一，"和"与"忠"的文化塑造了技术创新型人力资源为企业和组织忠诚服务，努力上进的精神，有助于技术创新人才彼此合作，长期在稳定方向上精进研发，创造成果。但是近年来，也可以观察到由于企业长期不太景气和"大企业病"造成的效果弱化。

第二，强调"以人为本"和人性化管理，较为尊重员工在技术创新活动中

的主人翁精神。但这方面的积极性主要体现在降低成本、拾遗补阙、改进工艺等方面，在原始创新方面体现不多。

第三，"物质主义"民族性。日本人被称为经济动物，其民族性倾向于事实、现象、经验、实证的思维方式。这种性格虽然被诟病不利于基础性、独立创造性的创新思维发展，但也被认为在技术发展上具有有利的一面，日本人善于发现市场消费需求，并根据需求精细地规划产品，进行技术研发，众多著名的原始创新型应用成果就是这样产生的，例如，索尼发明的"随身听"。

（二）其社会文化体系的不利方面

沉稳、中庸、论资排辈等传统日本文化的影响，使得日本创新人员的行为受到惯性的约束，不能违反标准操作规程，严格的资金预算，人员级别排位，后辈遵从前辈等习惯，不利于原始创新型人才从批量的普通科研人员中脱颖而出，更有甚者，很多科研人员习惯了听从上级安排，而不是原创性地解决问题和拓展思维。

日本形成了一套独特的组织和企业文化，著名代表是"三大支柱"，即"终身雇佣、年功序列、企业内工会"，由此形成了过于稳定和压制性的组织体系，使得不同程度上员工的依赖性和倦怠性较强，而年轻员工在这种组织环境中难以得到倾斜资源，难以使自身的才华得到发挥，不仅削弱了他们技术创新的积极性，而且使他们技术创新的思维和想法难以在有效的环境中发展，也更难得到资源。

日本还残留有不少封建性的文化特性，例如，忠君文化、轻视妇女的文化，这些都影响了原始创新型人才产生的基础。

综上所述，日本的原始创新型人力资本培养生态，是一个特色"鲜明"的生态系统，其优势与缺陷都比较突出。优势是国家组织力强大，在特定历史阶段，很有中国"集中力量办大事""重点突破"的体制优势，在技术性创新上不断取得的重大成果是明证，而日本科技总体水平在数十年中赶上欧美国家更是明证。缺陷是缺乏原创性，当没有人给日本指明方向时，它就不知道往哪里走了。在这方面，日本的国家体制和社会文化系统起到了主要作用。虽然日本从1990年以来力图克服这种缺陷，但在各种政策实施后，其实质成效很有限，例如，从专利角度虽然日本的总规模基本保持极缓慢的增长，但从全球比例看则是快速下降。

第四章　原始创新型人力资本培养的国际启示

第三节　其他国家原始创新型人力资本培养生态情况

欧洲也发展出不少创新型国家，除了德国、英国、法国外，不少小国，例如，芬兰、瑞典等，原始创新型人力资本培养成果突出。

德国是最早（19世纪60—70年代）在企业内部系统推广利用原始创新类科学家和博士进行自主创新的国家，且成效显著，使德国原始创新能力大大加强，其显著标志是当时世界科技中心由英国转移到德国，奠定了德国成为世界强国的基础，这种优势一直延续到第二次世界大战爆发，甚至第一次世界大战都未动摇德国的地位。第二次世界大战后，虽然德国丧失了全球科技中心的地位，但德国能够快速从战争废墟中恢复并重新崛起，同样是其科研基础所致。德国在国家土地和人口规模上是中等国家，但德国一直保持着全球科技强国的地位，至今在不少领域保持着科技领先优势。在产业领域，领先的科技和卓越的品质相结合，使德国产品在不少领域拥有盛誉。

欧盟制定了著名的"欧洲创新记分牌"（European Innovation Scoreboard，EIS）①，作为衡量和测度创新体系和创新绩效的评价体系。按照2017年度报告，在欧洲国家中，德国、英国、丹麦、芬兰、荷兰、瑞典是创新领导型国家，创新指数超过欧盟平均值的20%。根据EIS对创新的衡量（按照2008—2010年欧洲创新记分牌体系），可以发现欧洲国家所重视的创新型人力资本培养生态结果的主要评估要素有四个方面。

第一，整体评估从创新、企业行为和创新输出三大维度评估。

第二，创新从人力资源和政府社会资助支持两个维度衡量，人力资源主要包括：年轻人中本科、博士毕业比例、劳动人口中高等教育比例、劳动人口中终生学习比例、年轻人中高中教育比例五个指标。政府社会资助支持包括：公共研发支出、风险投资、私人信贷研发投入、宽带接入企业比例四个指标。

第三，企业行为从企业投资、合作创业、创新产量三个维度衡量。企业投资包括：企业研发支出比例、信息技术支出比例、非研发创新支出比例三个指标；合作创业则包括：中小企业内部创新比例、中小企业合作创新比例、企业更新比例、百万人学术性出版物四个指标；创新产量包括：百万人欧洲专利局

---

① "欧洲创新记分牌"：欧洲理事会建立的综合创新评估体系，每年对欧盟整体创新绩效与世界其他主要创新体的差距，以及欧洲各国的创新表现进行评估，被称为EIS创新指标体系。

专利数量、百万人商标数量、百万人欧盟设计数量、技术收入与支出比例四个指标。

第四，创新输出从创新企业和经济效应两个维度衡量。创新企业包括：中小企业产品流程创新比例、中小企业市场营销和组织管理创新比例、资源高效性创新企业、创新减少劳动成本企业比例、创新减少能源和原料耗费企业比例五个指标。经济效应包括：从事中高技术制造业人员比例、从事知识密集型服务业人员比例、出口中高技术产品比例、出口知识密集型服务比例、新产品销售额占营业额比例五个指标。

上述细化的约30个指标从整体上衡量了欧洲各国国家创新指数，该指数反映了欧洲各国创新型人力资本培养生态应用的结果，因此可以基于这些要求的结果倒推欧洲国家所追求的创新型人力资本培养生态包括四点。

（1）扩大创新需求对应教育的普及度。例如，提高高等教育人口比例，扩大终生教育，提高公共研发投入，鼓励风险投资和私人信贷投入等。

（2）鼓励企业在研发和信息技术以及非研发类创新上的投资，鼓励中小企业内部创新和合作创新，鼓励学术性出版物发行，鼓励专利、商标、设计的增加。

（3）鼓励企业在产品、流程、市场营销、组织管理、节约能源和原料、降低成本等方面全方位创新。

（4）提升创新人才在高技术制造业、知识型服务业、新产品等方面的从业比例。

这些在国家维度上增强创新型人力资本培养和应用，构成了原始创新型人力资本培养生态的重要环节。分别看，欧洲创新较为领先的国家分别从各自国情出发，构建了各具特色的创新型人力资本培养生态，以部分欧洲国家为例。

瑞典是在欧洲创新记分牌体系评估中多次最优获得的创新国家。瑞典的特点是研发投入极高，近年来，长期占到瑞典GDP的4%左右。瑞典虽然是小国，但高强度的研发投入使其可以在重点科技领域集中资源出现突破，因而产生了不少原始创新科研成果。瑞典政府约投入GDP的1%，私营企业则投入GDP的3%。形成的1:3比例较为科学，也约为基础性研究和应用性研究的投入比例。研发投入方向以国际市场为目标，参与严酷的国际竞争，发展原始创新能力，使其自主创新成果显著，这与日本的封闭性形成了鲜明对照。另外，瑞典在科技园发展方面经验丰富，全国有35个科技园，形成高科技集聚地，已成为瑞典创新型人力资本集聚地和创新成果以及商业化产业的主要引擎。

第四章 原始创新型人力资本培养的国际启示

芬兰建立了极为完善的创新中介服务网络,是最早从国家层面对科技发展和创新进行规划的国家。芬兰设置的创新中介服务网络,既包括半公共性质的融资服务机构,例如,国家研究发展基金会、芬兰贸易科技中心和国家出口信贷机构三大基金会和产业投资公司;在各地区设置地区性创新服务中介,例如,在全国有15个就业和经济发展中心(TE - Centers),为芬兰企业、大学和其他科研人员进行创新提供"一站式服务",包括专家咨询、项目评估、财政和政策支持、商业化营销、管理培训等,使创新型人力资本的创新思维通过中介网络获得充分的服务,在评估通过后又能获得充分的资源。

上述欧洲各国各有侧重的创新型人力资本培养和创新产业发展经验,表明产学研与金融、企业等要素有效融合的重要性。各国一方面着重提供创新型人力资本创新发明的基础设施和条件;另一方面通过中介网络、科技服务体系等提炼和推动创新成果的商业化,形成良性循环。正是在这种生态下,这些国家的原始创新型人才得以被培养出来并发挥良好作用,不仅积累了丰厚的原始创新型人力资本,产生大量的原始创新成果,而且原始创新成果得以发挥良好应用,创造了巨大经济和社会效益。

第四节 国外原始创新型人力资本培养的经验和教训

综合国外创新型国家的原始创新型人力资本培养生态的建设和运行情况,既可以得到有益的经验,也可以从它们的教训中归纳需要避免的问题。例如,美国的开放式教育有益于天才型学生的自然生长,却可能导致多数学生放任自流,其中缺乏自制力的天才型学生也可能由于这种放任而荒废。又如,日本的企业和组织特点有助于科研人员团队合作作业,可又产生了约束天才创新思路突破的环境。

一、国外原始创新型人力资本培养生态发展的经验

国外发展原始创新型人力资本培养生态的有益经验主要包括九个方面。

(1) 高度重视国民教育,在教育体系上要取得大众普适教育与精英教育的平衡。例如,美国教育经费开支长期占GDP 7%左右。

(2) 创造条件吸收全球创新人才,与本国创新人才形成互补。某类全球创新型人才集聚越多,本国越能成为某类全球创新的中心,更加增强创新型人才集聚,形成磁性效应,推升原始创新型人力资本的积累和原始创新成果的

产生。

（3）保持高强度研发投入。上述所有创新型国家研发投入强度都维持在占本国 GDP 总额 2% 以上，且为提高研发强度，各国都努力实现科研投入的多元化，形成企业、政府、其他机构多元投入研发的环境。

（4）政府高度重视和全力支持，并保持对基础研究的政府高投入。各国无一不以政府为中心建设国家层级综合创新体系，力图将本国各种资源有效整合，强化各个创新主体的有效互动。其中经费投入和扶持性政策法规体系是政府激励创新的主要工具。

（5）强化企业自主创新能力，使企业成为应用性创新主力军。各国的经验表明，一方面通过大企业，以其巨大的资源和投入形成创新人才的集聚，在产业主要方向上追求突破；另一方面要用好中小企业，以其灵活的机制和原创型思想，在特色和全新方向上追求突破。

（6）培育全民创新意识和良好创新氛围，是原始创新型人才大量产生的基础和前提。在良好的全民创新意识氛围之下，才能从长期的人才教育、人才工作历练、人才集聚效应、科技工程攻关项目等实践中，培养出原始创新型人才和获得原始创新成果。

（7）建立高效健全的知识产权体系，形成对原始创新价值的保护。各国在知识产权法规法律、专利管理和信息化、知识产权咨询、技术转移、技术成果中介等方面进行了大量建设，力图完善，有力地通过对原始创新价值的保护和推广，促进原始创新型人力资本培养生态的发育。

（8）建设完善的对接科研成果的资本市场和创新基础设施。各国较为成熟的风险投资机制、资本市场交易体系形成了社会化的科技创新体系。在创新基础设施方面，各国特别是大国对于信息网络、大型科研设施、数据库、图书馆等方面的投资都不遗余力。这些都有利于形成更完善的原始创新型人力资本培养生态。

（9）政府、教育、企业、科研、金融、中介机构六方面的有机整体化是形成有效原始创新型人力资本培养生态的基础。政府领导和协调、投入基础科研并指导产业方向，教育体系选拔培养基础创新型人才并与政府和企业配合投入研发，产业界在基础研究的基础上重点发展应用研究、集聚更多创新型人才，专业研究机构在特色和尖端方向上，集聚顶尖原始创新型人才突破尖端领域，金融界形成与科研对接的资本市场和风险投资体系以支持研发型企业成长，中介机构成为创新体系的桥梁。六者之间的有效互动、互为补充构成基本的原始创新型人力资本培养生态。

二、国外原始创新型人力资本培养生态发展的教训

国外原始创新型人力资本培养生态发展的教训有四个方面。

（1）人才教育中知识教育与创新教育的平衡需要高度重视。日本和中国是过于重视知识教育而在创新教育方面欠缺的典型，美国是过于重视创新教育而在知识教育方面欠缺的典型。前者有利于培养出大批量具有基础知识水平的人力资源，但不利于原始创新型人才的初级培养；后者则有利于具有学习自制力的原始创新型人才的初始培养，而不利于通过要求严格的普适教育"压迫"出可能的初级原始创新型人才，近年来，美国本土理工人才的欠缺是明显的例证。因此较好的体系应该是两者保持合适的"度"，整体看来，北欧国家在这方面做得较好。

（2）原始创新更多产生于原创型的中小企业，忽略对中小企业的重视容易形成创新不力的恶果。从各国经验看，完全原创性，甚至具备"意外性"的原始创新成果多产生于中小企业，或者是原始创新型企业发展成为大型企业，或者是大型企业收购，或者沿着原始创新型企业开辟的道路发展和应用原始创新成果，继续扩展创新。因此，原始创新型中小企业是国家原始创新实践，特别是应用型原始创新的主要依靠。近年来，日本创新不力，与其资源过度集中在财阀企业，而欠缺原始创新型中小企业有相当关系。反之，美国创新成功则与其在硅谷的大量原始创新型中小企业有关。

（3）"强者恒强"效应要求创造原始创新型人才的是集聚效应和开放性。各国创造的利于创新型人才集聚的环境越好，集聚的人才就越多，更易于产生原始创新型人才和原始创新成果，形成"强者恒强"的效应。美国硅谷等是成功的典范。而其他国家，例如日本，虽然也建设了大量科技园，拥有良好的科研基础设施，但产生的成果则不尽如人意，究其根本是，未能实现大量创新人才的集聚，缺乏国际开放，形成少数企业的封闭圈。实践表明，仅建设硬件载体不足以形成原始创新效应，软件、人才的集聚、国际开放更重要。

（4）从长期看社会教育和创新氛围的影响至关重要。近年来美国和日本都出现了相关问题。美国的"反智主义"① 和经济问题结合在一起，导致科技投

---

① 反智主义（anti-intellectualism）：1962年由美国历史学家理查德·霍夫施塔特在《美国生活中的反智主义》中提出，认为反智主义贯穿了美国整体历史，美国的"反权威"文化等因素导致反智主义者对知识真理处于消极态度。

入开始出现不足,以及本土原始创新型人才培养弱化,加上对国外创新型人才流入限制加强,在一定程度上削弱了美国原始创新的潜力。日本则是传统社会和企业文化导致难以提供个性化的原始创新型人才培养和发挥功能的机制,使其原始创新能力相对美国弱化更严重,在重要产业上的连续失手是其明证。

总之,作为现代原始创新的后进国家,近年来中国的科技水平虽然大为提升,但整体还处于追赶的阶段。但无论如何,对原始创新重要性的认识与日俱增,各国数十年在原始创新型人力资本培养生态上的建设和完善,为中国提供了丰富而深刻的经验教训,是中国发展具有自身特色的原始创新型人力资本培养生态的重要参考。

第五章

原始创新型人力资本培养生态模型构建

第五章 原始创新型人力资本培养生态模型构建

前两章从教育（基础教育和高等教育）层次、组织（企业）层次、国家层次、社会文化层次，分析了中国的现状和国外的经验教训。宏观描述有助于对原始创新型人力资本培养生态的轮廓有清晰的认识，但还需要通过深度分析构建原始创新型人力资本培养生态模型，并对模型进行验证。

第一节 原始创新型人力资本培养生态理论分析

原始创新型人力资本培养生态是一个复杂系统，归纳起来包含三部分：第一，个体通过相关技能的学习和培训具备创造力特质；第二，通过投资将具备创造力特质的个体发展成为人力资本；第三，通过环境影响使人力资本增值成为原始创新型人力资本。三部分环环相扣，是一个逐步发展的过程，最终形成培养生态的有机整体。

一、创造力成分理论

创造力成分理论是组织创造力相关研究的理论基础，该理论经历了三个阶段的发展，逐步形成了较为完善的创造力成分理论。

（一）创造力成分模型

阿玛比尔用产品定义方法定义了创造力，认为同一领域的专家对产品的判断是一致的，如果大家认为同一种产品是新颖的，那么这件产品就是具有创造性的[1]。后来，阿玛比尔提出了创造力成分模型（componential model），表5-1，认为创新产品的产生由三要素相互作用，即创造力技能、领域技能和任务动机[2]。领域技能包含知识和特殊领域的技能，表现为知识基础；创造力技能包含认知形态、思维方式，是认知风格特征；任务动机包含工作态度和内外部动机，即个体对工作任务的兴趣和享受，提供指向性。三个成分相互作用，每个成分包含的子因素之间相互作用，影响创造过程。三个成分交集越多，表示个人的创造力越高。

---

[1] AMABILE T M. The social psychology of creativity: a componential conceptualization. [J]. Journal of personality & social psychology, 1983, 45 (2): 357–376.

[2] AMABILE T M. A model of creativity and innovation in organizations [J]. Research in organizational behavior, 1988, 10 (1), 123–167.

表 5-1　创造力成分模型

成分要素	领域技能（DRS）	创造力技能（CRS）	任务动机（TM）
包含的内容	①关于该领域的知识 ②需要的专门技能 ③有关领域的特殊天赋依赖 ④先天的认知能力 ⑤先天的理解和操作技能 ⑥正规的和非正规的教育	①适当的认知风格 ②意识或潜意识中诱发产生新观念的知识 ③有效的工作方式依赖 ④训练 ⑤观念产生的经验 ⑥个性特征	①工作态度 ②对自己接受工作的理解依赖 ③内在动机的最初水平 ④社会环境压力的影响 ⑤降低外部压力的能力

（二）创新构成模型

通过分析两种技能和一种动机发现，它们都是个体心理机制层面上的成分，存在一定的缺陷。阿玛比尔对成分模型进行了修正[①]，主要包括三个方面。

（1）增加了"社会环境"成分，创造力的三个成分在"社会环境"的影响下对创造过程发挥作用。这一过程主要包括五个阶段，见图 5-1。

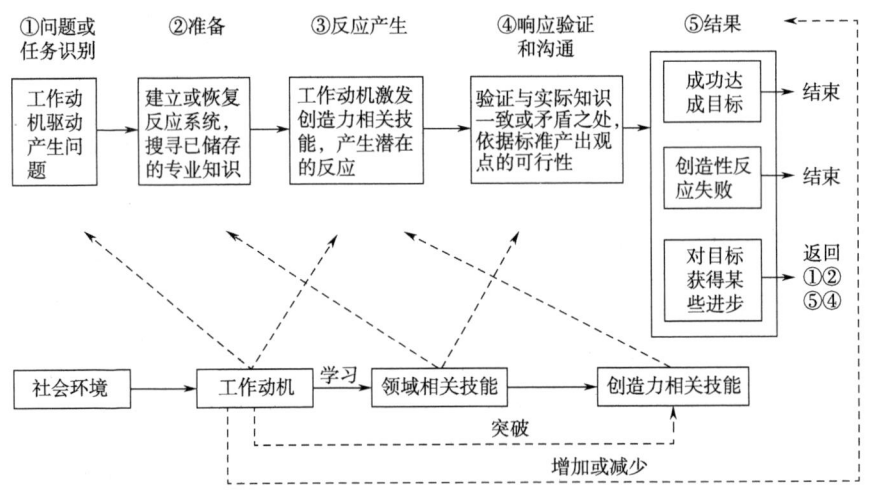

图 5-1　增加"社会环境"的创造力成分模型

---

① AMABILE T M. Creativity in context: update to the social psychology of creativity [J]. High a bility studies, 1996 (2).

第五章　原始创新型人力资本培养生态模型构建

第一，问题或任务识别（problem or task identification）：由工作动机驱动产生问题，包括内在动机和外在动机。第二，准备（preparation）：建立或恢复反应系统，搜寻已储存的专业知识。第三，反应产生（response generation）：工作动机激发创造力相关技能，产生潜在的反应。第四，响应验证和沟通（response validation and communication）：验证与实际知识一致或矛盾之处，依据标准产出观点的可行性。第五，结果（outcome）：根据不同的结果，做出不同的行为反应。成功达成目标或创造性反应失败时，创造活动结束。当创造活动未达成最终目标，但已有进展时，则可能回到前面的阶段，继续从事创造活动。

（2）对创造力成分模型的三个成分进行修正，使之更能反映创造过程。阿玛比尔在加入"社会环境"成分后，将创造力技能修正为创造力过程（creativity - relevant processes），重点考虑了创造力是通过广泛思考建立联系，在不同观点进行交流的过程。此后阿玛比尔对创造力三个成分进行了再次修正，将领域技能改为专业知识（expertise），创造力过程（CRP）改为创造性思维技能（creativity - thinking skills），对任务动机重点强调了内在动机（intrinsic task motivation）。专业知识是创造力的基础，包括对知识的记忆、专业技术以及在目标工作领域的特殊天分。创造性思维技能是从事创造活动的一些额外技能，包括：有利于对问题采取新观点的认知方式、在探索新的认知途径中技术的应用，以及坚持不懈的工作作风和精力充沛地从事工作。创造性思维技能在某种程度上取决于独立性、自律、对冒险的态度、对歧义的宽容、面对挫败感时的毅力，以及相对缺乏对社会认可的关注等有关的人格特征。创造性思维技能可以通过学习和实践技巧，提高认知灵活性和智力独立性，没有创造性思维技能，即使专业知识再丰富，也不能产生创造活动。

专业知识和创造性思维技能确定了一个人在给定领域中的能力，但工作动机决定了个体在多大程度上，充分利用自己的专业知识和创造性思维技能服务于创造性表现。动机既可以是内在的（对工作的浓厚兴趣和参与，好奇心、挑战感），也可以是外在的（实现除工作本身之外的某些目标的欲望所驱动，例如，实现承诺的奖励或在截止日期前赢得比赛等）。尽管内在动机和外在动机的组合很常见，但对于执行特定任务的特定人而言，动机是主要的驱动力。许多研究表明，内在动机比外在动机更有利于创造。高度的内在动机可以弥补专业知识或创造性思维技能的不足，具有内在积极性的人很可能从其他领域获得技能，或者付出很大的努力获得目标领域的必要技能。

尽管一个人的专业技能发展和创造性思维技能的实践会在一定程度上受到

社会环境的影响,但最强烈的环境影响是工作动机,特别是直接影响内在动机(intrinsic motivation)。阿玛比尔强调大多数成功的科学家不一定拥有最优秀的天赋,但他们被好奇心所驱使,从而想方设法地寻求问题的答案,这是内在动机发挥的重要作用。通常情况下,内在动机与外在动机表现为一种协同作用,即:外在动机会增强内在动机对创造力的积极影响。修正后的创造力成分模型见图5-2。至此,经过对创造力三成分的两次修正,以及增加"社会环境"成分,最终形成了较为完善的创造力成分模型。创造力成分发展过程见图5-3。

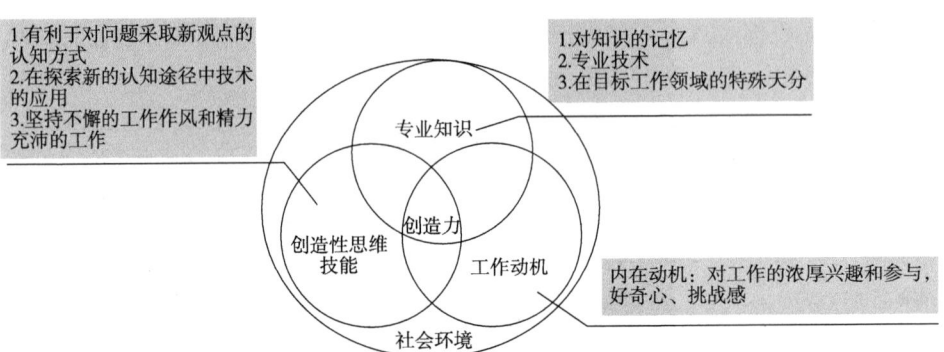

图5-2 修正后的创造力成分模型

资料来源:根据AMABILE T. M. Motivating creativity in organizations: on doing what you love and loving what you do [J]. California management review, 1997, 40 (1): 39-58. 经整理。

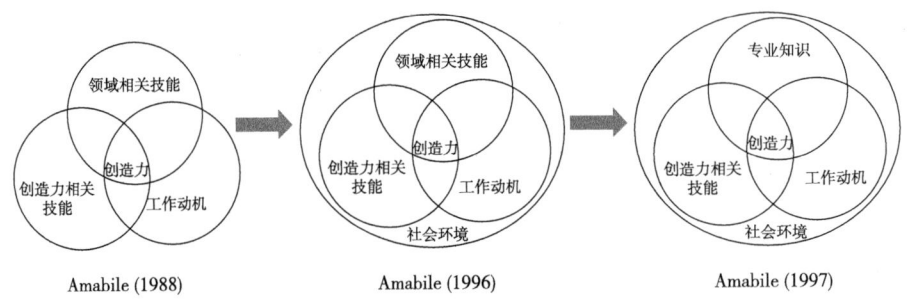

图5-3 创造力成分发展过程

资料来源:根据AMABILE T M. A model of creativity and innovation in organizations [J]. Research in organizational behavior, 1988, 10 (1): 123-167. AMABILE T M. Creativity in context: update to the social psychology of creativity [J]. High ability studies, 1996 (2). AMABILE T M. Motivating creativity in organizations: on doing what you love and loving what you do [J]. California management review, 1997, 40 (1): 39-58. 经整理。

（3）提出创新构成模型，分析了创造力和组织创新环境既相互独立又相互影响的作用方式。经过修正后的创造力成分模型由专业知识、创造性思维技能和工作动机三要素构成。在此基础上，阿玛比尔提出了创新构成模型，将个人创造力与组织工作环境相结合，描绘了个人创造力与组织创新环境互相影响的特征。图5-4展示了创造力成分模型的主要要素、组织创新环境的主要特征，以及创造力和组织创新之间的联系与相互作用。

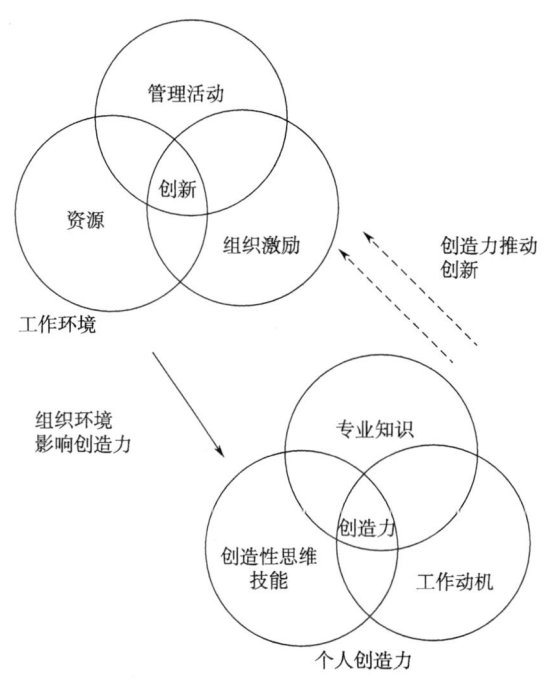

图5-4 组织环境对创造力的影响

该模型提出工作环境要素通过影响专业知识、创造性思维技能、工作动机影响个人的创造力（由实线箭头表示），同时，由个人和个人团队产生的创造力可以作为组织内创新的主要来源（如虚线箭头所示）。图中下面三个圆圈描绘了个人创造力的组成部分；图中上面三个圆圈描绘了组织中必需的工作环境特征，其中资源指可以用来推动创新的所有内容，例如，有足够的时间生产新作品、具备必要的专业知识、充足的资金、有效的信息及培训等。管理活动则强调了在从事具有挑战性的工作时，给予自由度和自主权对促进创造力和创新性的重要性。组织激励指对具有创造力的人才、创新基本方向以及创新活动的支持。阿玛比尔通过研究发现这些支持包括三方面：一是对组织发展的态度，相对于维持现状更愿意面对风险；二是对组织成员的态度，对他们的能力报以热情和自豪感；三是对创造性工作的态度，对创造性工作的认可以及进行奖励，包括有可能失败的工作。而破坏组织创新力的因素则包括：破坏性批评、组织内部的竞争，高层管理人员的严格控制以及过多的层级结构和程序。

（三）动态创新构成模型

1997年，阿玛比尔在创新构成模型的基础上做了修正和进一步细化。一方面对个人创造力组成成分做了完善，形成动态创造力成分模型（The dynamic componental model of creativity）①；另一方面细化了组织创新力以及运行过程，形成了动态组织创新模型（The dynamic componental model of innovation）。在此基础上将个人创造力和组织创新的运行模式进行了整合，构建了动态创新构成模型（The dynamic componental model of creativity and innovation）。

1. 建立动态组织创新模型

图5-5为修正后的动态组织创新模型，与最初的组织创新模型相比，主要有三个变化。

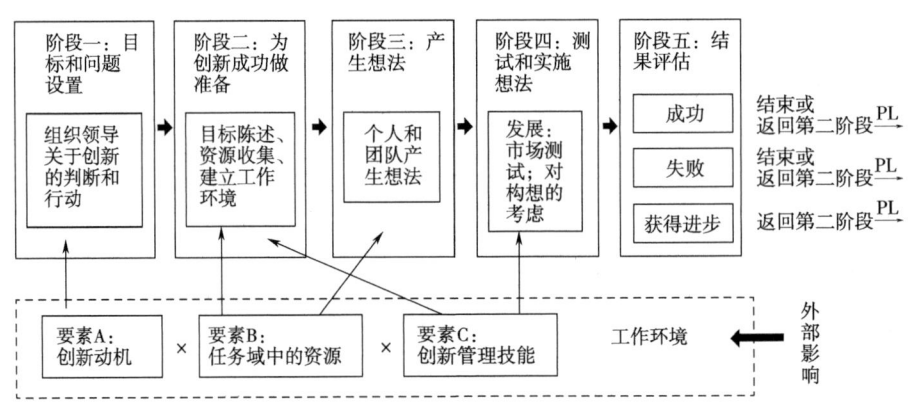

图5-5 动态组织创新模型

首先，修正后的模型增加了组成"工作环境"的三个要素：创新动机、任

---

① AMABILE T M, PRATT M G. The dynamic componental model of creativity and innovation in organizations: making progress, making meaning [J]. Research in organizational behavior, 2016 (36): 157-183.

务域中的资源、创新管理技能。虽然在最初的模型中强调了"工作环境"的概念，但并未明确包含的三个要素，也没有在图中清晰地标识出来。修正后的模型将"工作环境"包含的三要素由虚线的矩形阴影包围，表明它是一个开放的系统——受组织外部的社会、经济、文化和其他方面的影响。其次，修正后的模型增加了"外部影响"（external influence），箭头指向了"工作环境"，再一次强调了组织外部与工作环境之间存在着密切的联系。第三个变化最为关键，是在"工作环境"三要素之间增加了"乘"号，与最初的组织创新模型相比更加直观化，从一般意义上讲，该模型是可乘的。作为乘数，所有要素都是创新所必需的，即任何一个要素都不能为零。通常讲，每个要素的级别越高，最终创新成功的可能性就越大。换句话说，在缺乏创新动机，任务领域的资源或创新管理技能的情况下，创新就不会发生。

动态组织创新模型将组织创新过程的五个阶段做了部分修正。

第一阶段确定要达到的目标或要解决的问题。这个阶段主要由最高决策的组织战略决定，也有少数情况由组织中的个人或团体偶然发现的组织危机决定。此阶段发生的事情主要取决于"工作环境"的第一个要素，即创新动机的影响。在现阶段，这种动机体现在组织领导者有关创新的判断和行为中。在最初的模型中（图5-1）此部分被解释为"任务判断"，是对组织创新价值的较为低级的判断。因此，在动态组织创新模型中将第一阶段修正为"组织领导者关于创新的判断和行动"。

第二阶段为创新过程的成功做准备。这个阶段主要包括：目标陈述、收集执行项目所必需的资源（包括人员和市场信息），以及建立工作环境（领导结构、截止日期、预算、评估指标等）。这一阶段的有效性取决于两个要素：任务域中的资源以及创新管理技能。

第三阶段产生想法。这个阶段创新被定义为成功实施创意的想法。这一阶段的成功不仅取决于个人和团队在构思创意想法（阶段三）之前奠定的基础（阶段一和阶段二），也取决于以后如何处理这些想法（阶段四）。

第四阶段测试和实施想法。这一阶段几乎涉及组织中的所有相关领域，以评估个人或团体提出的想法，并充分发展其中一个想法。这个阶段取决于任务领域资源和创新管理技能两个要素，后者确保好主意得到实施，差主意被抛弃或退回做进一步工作。在动态组织创新模型中，增加了创新动机对阶段四的直接影响。因为大量数据表明，创新思想的全面实施取决于高层领导者对承担合理风险和建立新思想支持机制的取向。

第五阶段为结果评估。在此阶段，将根据第四阶段的结果进行决策，从而使评估可以回到早期阶段处理。在最初的模型中，创造力和创新过程的第五个阶段都包含三个结果：成功、失败或进步（部分成功）。最初的模型提出，无论成功还是失败，过程都会结束。只有在解决问题或达到目标方面取得进展时，流程才能在任何早期阶段重新开始。修正后的模型在成功和失败后都会出现反馈循环，在图5-5中用"PL"箭头标识，表示无论成功与失败或者目标取得阶段进展，创新过程都不会停止，会进入循环周期，使创新不断取得更高层次的进展。这是修订模型中区别于最初模型最重要的动态要素之一。

2. 建立动态创造力成分模型

在最初的理论阐述中没有指出个人创造力和组织创新过程明显的概念相似性。但通过分析发现，两个过程在最高抽象层次上非常相似。如图5-6描述个人创造力时，这种相似性显而易见。个人创造力包含三个要素：内在和外在动机的协同、任务领域的技能、创造力相关过程。三个要素之间的乘号表示创造力要素在影响力上具有可乘性，同样作为乘数，所有要素都是创造力所必需的，任何一个要素都不能为零。正如创新要素影响组织创新的各阶段一样，创造力要素也会影响创造力的各阶段。创造力过程的各阶段可以用与组织创新过程相同的术语描述。

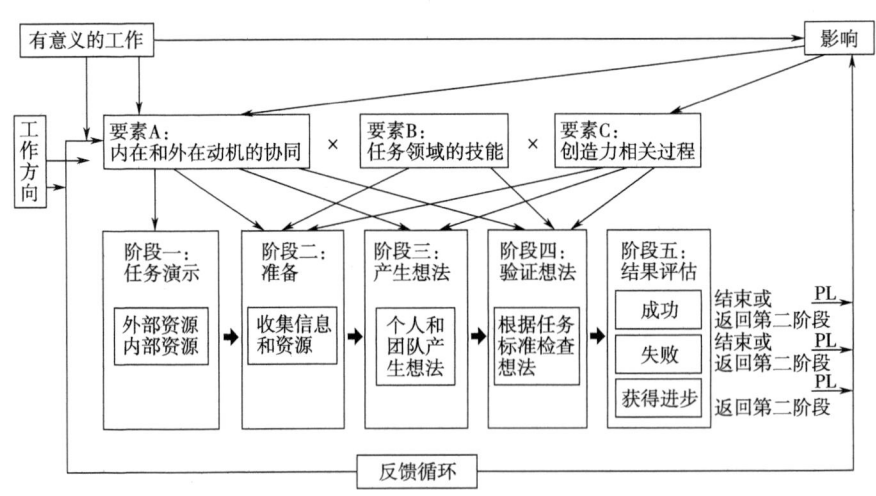

图5-6 动态创造力成分模型

第一阶段：确定目标或问题。对于个人创造力，此阶段称为任务演示。一个人需要解决特定问题或想抓住有趣机会的强烈内在动力可以启动该过程,也可以由外部资源启动该过程,例如,该人在小组获得的任务。

第二阶段:为成功的流程做准备。在个人创造力中,这个准备阶段是构建解决问题所需的知识、技能和特定信息的时间。如果个人与领域相关的技能储备很丰富,那么这个阶段可能会很短暂,否则,可能需要很长时间。

第三阶段:产生想法。在个人创造力中,想法产生阶段会提出一种或多种解决问题或达到目标的可能性。想法的产生主要取决于两个独立的创造力要素,即与创造力相关的过程和任务动机。在一定程度上,个人具有与创造力有关的创造思维技能和内在动力越强,所产生想法的数量和新颖性应该越大。

第四阶段:评估可能性。这个阶段涉及对照标准检查想法。一般而言,该领域的任务和标准将确保第三阶段出现的新颖思想的有用性或适当性。因此,这个阶段在很大程度上取决于个人在任务领域的技能。

第五阶段:成果评估。此阶段与组织创新过程一样,存在一个反馈循环,在个人创造活动结束时反馈循环被激活。

创造力和组织创新动态模型有很大的相似性,除此之外,创造力和组织创新过程还有三个共同点:第一,创造力和组织创新过程适用于从低到高所有程度的创造力和创新。创造力或创新的最终程度取决于相关元素的强度,以及过程中每个阶段的实现程度。第二,过程中五个阶段的顺序是理想化的。它可能是典型的,但不是固定的,因为创造力或创新通常是一个即兴的过程,需要对新信息和不断变化的条件做出频繁的改变。第三,过程会进行多次迭代(或循环)。

3. 形成完整的修订模型

通过回顾最初的模型以及关于创造力和创新研究的新发现,构建了创造力和组织创新的新模型。新模型与最初的模型相比,以反馈循环的形式添加了更多的动态元素,新模型所做的修正主要包括两个方面:一是增加了创造力与组织创新的新联系;二是增加了重要的心理因素。图5-7为修正后的动态创新构成模型。新模型是组织创新过程(图5-5)和个人创造过程(图5-6)的整合,并在两个过程之间增加了两个关键链接。

首先,在组织创新过程的第三阶段,个人创造力与组织创新相交(见①号箭头),表示个人创造力获得的成果进入组织创新过程中。在组织创新过程的第三阶段与个人创造力相交,意味着个人创造力不一定是创新过程的开端,有可能在创新过程中个人创造力才发挥作用。当然,有时创新过程会始于个人创造力驱动下的意外发现,那么个人创造力则成为创新过程的开端,这种情况并不少见。

其次，组织创新过程中的创新要素具有双重影响性，一方面对组织创新过程形成影响；另一方面由于这些要素构成了工作环境，因此也影响着个人创造力要素，从而间接地影响了个人创造力过程。这些影响在图5-7中由②号箭头表示。除了两个关键链接外，创新过程的目标设定对个人创造力过程应该是有意义的工作（见③号箭头），在个人创造动机驱动下的工作方向影响着创新过程中的工作环境（见④号箭头），以及反过来创新过程中的工作环境会影响个人创造过程的成功（见⑤号箭头）。

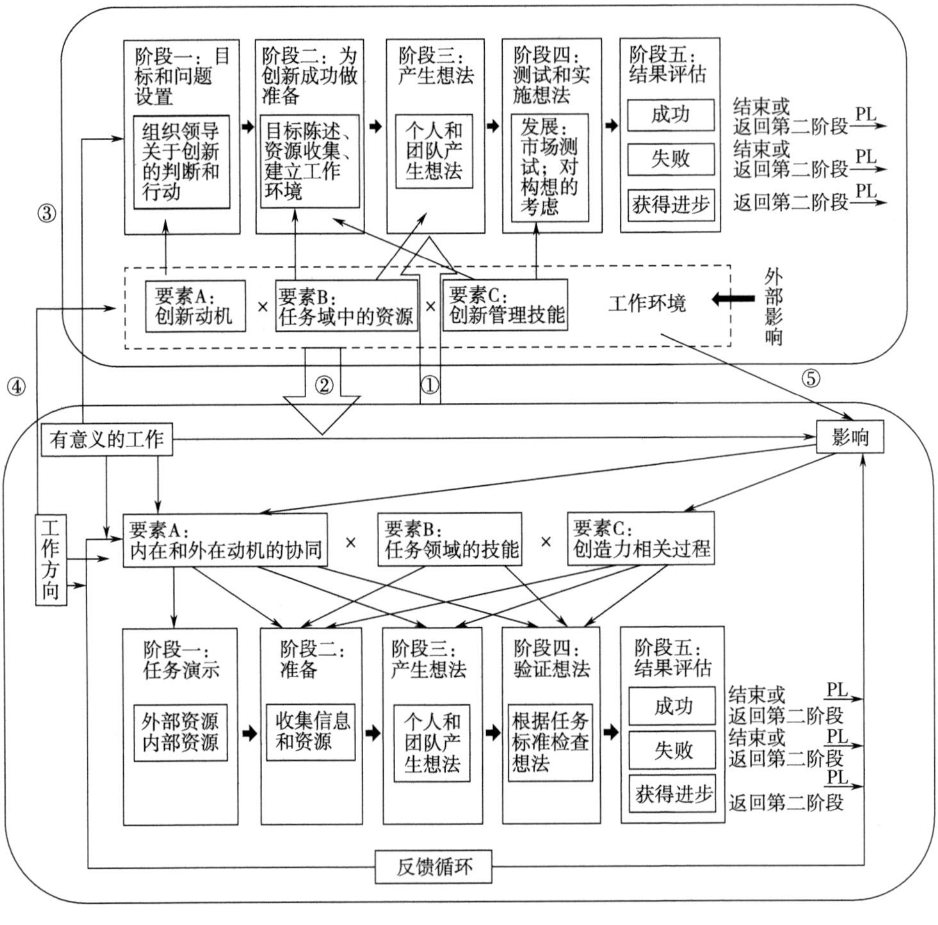

图 5-7 动态创新构成模型

二、理论适用性讨论

理论研究发现，创造力成分理论经过 30 年的不断补充和完善，形成了动态的个人创造力成分模型，以及动态的创新构成模型——即个人创造力与组织创新之间的动态关系。个人创造力是组织创新的根基和起点，而组织因素反过来影响个体创造力。本书研究方向为原始创新型人力资本的培养生态，具体为在全社会范围内营造适合原始创新型人力资本产生和增值的生态环境。包括两个层面的内容：一是从个体层面要具有创造力的人力资本；二是从组织层面社会与创造力个体产生交互，互为影响。创造力个体让社会创新成为可能，社会创新推动创造力个体的增加和增值。在此可以将全社会视为一个大范围的组织，社会创新与组织创新具有相同的运行模式。因此，本书围绕个体创造力的培养和个体与组织交互两个方面考虑最适合支持这一作用机制的理论。

创造力成分模型是从社会心理学角度进行分析，认为个体创造力是专业知识、创造性思维技能和工作动机的综合，而社会环境则强烈地关联或影响到这些个体创造力成分。创造力并非单纯的个体现象，社会情境是创造力的重要影响成分，同样一个个体（个人或小团队），在不同的社会环境脉络下，将表现出不同的创造力。创造力不仅决定于个体的人格、认知与经历，更是社会环境的函数。而工作环境对个人创造力的影响，主要体现在"工作动机"上，亦即工作环境是否能激发个人的内在任务动机，例如，对工作本身的兴趣，如好奇求知、乐在其中、挑战与成就感等。

创造力成分模型是一个开放性的体系，图 5-7 将个人创造力与组织创新的运行关系完整地展现出来，既包含促进个体创造力提高的关键要素，又包含组织创造力的关键要素，以及个体与组织之间的交互机制。因此，与本书研究方向进行对比发现，创造力成分理论可以作为本书研究的理论基础。但通过分析创造力成分理论可以发现，该理论在个人创造力方面重点关注心理方面的因素，即工作动机对个人创造力的重要作用，而没有考虑投资因素对个人创造力的影响。本书研究方向为原始创新型人力资本的培养生态，具有创造力的个体由创新型人才转变为创新型人力资本，必须经过投资过程才能使其具备经济效益和提升科技水平的使用价值。本书在创造力成分模型的基础上构建原始创新型人力资本的培养生态模型。

第二节 原始创新型人力资本培养生态模型的提出

上节对创造力成分模型进行了分析,创造力成分模型可以称为创造力研究史上第一个综合性模型,集内外部因素于一体,融内容与形式于一体,囊括主客体关系于其中,运用创造力成分模型可以进行创造活动的宏观和微观分析。阿玛比尔认为,不管在什么领域中,创造力都是领域技能、创造力技能和任务动机三个组成成分联合作用的结果。三个组成成分共同作用是创造力产生与发展的源泉,也决定了创造力水平的高低。阿玛比尔的创造力成分理论最先把创造力的研究从个体扩展到群体或社会心理层次,然后再扩展到组织层次,认为个人创造力与组织产生交互后激发了创新过程的产生。由此,我们可以认为创造力并非个体现象,社会情境是创造力的重要成分,同样个体(个人或小团队)在不同的社会环境脉络下,将表现出不同的创造力。创造力不仅决定于个体的人格、认知与经历,更是其社会环境的函数。因此,在创造力成分模型基础上,本书提出原始创新型人力资本培养生态模型见图5-8。

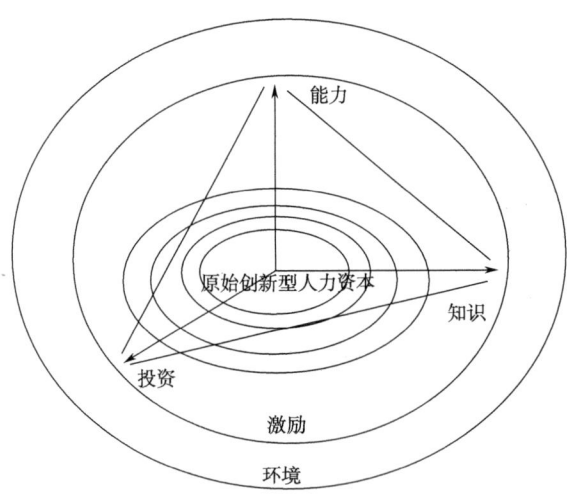

图5-8 原始创新型人力资本培养生态模型

图5-8中原始创新型人力资本表现为一个圆环,该圆环从内部扩展到外部,即原始创新型人力资本的价值从无到有,并不断增加。由于原始创新型人力资本在劳动年龄内都会不断实现并提升价值,所以圆环是没有边

界的。

原始创新型人力资本培养生态的运行机理是从开发个体创造力开始的。通过教育和实践培养使知识和能力内生为个体创造力。通过投资开发人才个体的创造力，使人才个体在创新过程中增值。经过这一过程，具有创造力的个体发展为原始创新型人力资本。通过激励政策和社会环境实现原始创新型人力资本的社会化。原始创新型人力资本在社会化过程中，由于创新成果突出，反过来影响政府及组织的进一步投资。由此，我们可以总结出三类变量影响原始创新型人力资本培养生态（见图 5-9），分别是个体变量（I）、价值变量（V）、社会变量（S）。培养生态（E）可以用表达式表示为：

$$E = F(I,V,S)$$

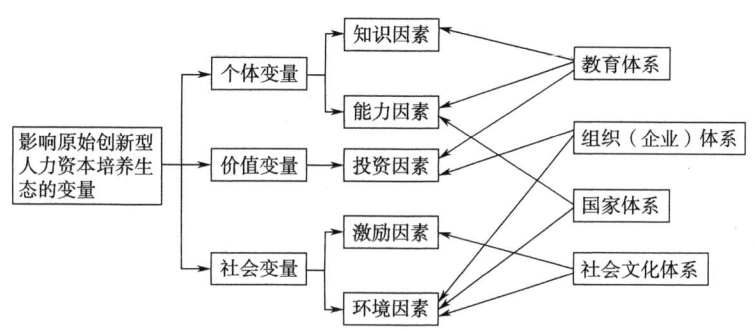

图 5-9　影响原始创新型人力资本培养生态的变量和因素模型

个体变量是指人才个体将知识融会贯通、培养发现科学问题及技术问题并解决问题的能力，包含知识因素和能力因素。知识因素的获得是通过国家教育体系实现的；能力因素的获得与快速增长除了教育体系外，还依赖于国家创新体系的建设水平，教育水平高，国家创新体系完善与运转高效，能快速促进个体能力的提升。价值变量是指政府或组织投资人才个体的能力，使个人能力在原有知识、技巧、信息等基础上得到发展，实现原始创新型人力资本的积累过程，因此包含投资因素。政府投资人才个体的能力是通过提供教育完成的，而人才个体能力的继续提高与发展则是通过企业的培养实现的，因此，原始创新型人力资本个体能力的提高是教育体系和组织（企业）体系共同作用的结果。创新型人力资本的社会变量是指在激励政策和良好环境的影响下，具有创造力的人才个体能够及时发现科学问题及技术问题并解决这些问题，将原始创新型人力资本转化为原始创新成果，包含激励因素和环境因素。激励因素主要依靠

社会文化体系实现;而环境因素则通过微观环境——组织企业,中观环境——国家创新体系,以及宏观环境——社会文化的多重作用营造良好的原始创新氛围。

第三节 原始创新型人力资本培养生态要素采集

一、生态要素采集的方法选择

本研究的目的在于通过分析影响中国原始创新型人力资本培养生态的要素构建培养原始创新型人力资本的生态体系。上节构建了影响原始创新型人力资本培养生态的变量和因素模型,通过查阅文献发现,针对原始创新型人力资本培养生态的研究较少,且没有建构起较为全面的培养生态系统要素,因此,本节主要通过对美国、日本、欧洲,以及中国原始创新型人力资本培养的经验和教训等文献进行分析,提炼获取影响要素。但考虑到在国家层面通过分析培养生态现状而得到的影响要素带有一定的主观性,为保证指标体系的科学性和全面性,通过传记分析法对已构建的指标体系进行验证。

二、通过文献分析法采集生态要素

对创新型人力资本培养生态进行研究是一项复杂的工程,由于创新型人力资本具有多样性,决定了其所处的环境也具有多样性。根据指标选择的原则,选择合适指标将原始创新型人力资本培养生态的评价内容量化,得到原始创新型人力资本培养生态评价指标体系。根据前文的文献分析,将培养生态要素分解为四个层次,即:教育(基础教育和高等教育)层次、组织(企业)层次、国家层次、社会文化层次。

(一)教育(基础教育和高等教育)层次的构成要素

通过分析中国在教育体系中培养原始创新型人才的经验教训,本书将教育体系培养原始创新型人力资本的生态要素提炼为四项。

(1)精英教育,即教育体系应赋予学生扎实、广泛、清晰的知识传承,通过创新思维、创造过程、创新意识、质疑精神等方面的训练,选拔出潜在的创新型人才,并倾斜资源助力其成长。

(2)个性诱导,即教育阶段应诱导有创新潜力的学生形成适合创新的个性,激发其创新欲望和创新实践尝试。

第五章　原始创新型人力资本培养生态模型构建

（3）教育投资，即国家、社会及家庭所提供的教育投入，保证个体能够接受高质量的教育。

（4）多元和国际化教育，即能给予精英学生多元化和国际化的教育，适应精英学生自由发展、跨学科跨领域、全球化接收信息的自主生长。

（二）组织（企业）层次的构成要素

通过分析中国在组织（企业）体系中培养原始创新型人才的经验教训，将组织层次培养原始创新型人力资本的生态要素提炼为两项。

（1）研发实践投入。国家和企业是原始创新的实施主体，高强度的研发投入，提供高标准研发设施，为创新型人才提供参与科技研发的机会，使之在实践和工作中成长。

（2）组织（企业）开放性。开放性的环境意味着创新型人才能与国内外充分交流，吸取先进经验和开阔眼界，从而能够促进创新成果的产生。

（三）国家层次的构成要素

通过分析中国在国家创新体系中培养原始创新型人才的经验教训，将国家层次培养原始创新型人力资本的生态要素提炼为三项。

（1）国家创新体系建设。国家能否实现产官学与金融、研究机构、中介组织等的协调一致构成有效合作机制；能否在知识产权、顶层设计、创新中介等方面进行有效组织和规划并执行；能否建设并完善有效激励创新特别是原始创新的法律法规和相关政策。

（2）国家科研基础设施建设。国家层级高精尖科研基础设施建设的广度、深度和水准，以及国家对普及型创新服务基础设施的投资力度。

（3）重大科技工程和计划的实施。在国家科技战略下，规划和实施重大科技工程和计划的情况。

（四）社会文化层次的构成要素

通过分析中国在社会文化体系中塑造有利于培养原始创新型人才的经验教训，将社会文化层次培养原始创新型人力资本的生态要素提炼为四项。

（1）危机文化。社会发展遇到危机时，社会文化是偏向安逸、娱乐，还是具有较强的危机意识。

（2）社会竞争意识。社会文化对于竞争环境的追求与接受度，对失败的容忍度。

（3）科研人员奉献精神。科研人员是否在社会文化影响下具备奉献精神，能够牺牲精力、时间和容忍长期枯燥的工作。

（4）社会科学尊崇度。社会文化对于科学技术和科研人员的尊重程度，能否理性认知科学知识和科技成果的重要性，抑制社会反智主义的流行。

综上分析，通过对中国现行原始创新型人力资本培养生态建构要素的研究，提炼了影响培养生态成效的上述四个层次共 13 个生态要素。可以发现，13 个要素可以归纳为 5 个因素组合，即：知识因素、能力因素、投资因素、激励因素、环境因素（见表 5-2）。

表 5-2 原始创新型人力资本培养生态建构要素

变量	因素	指标
个体变量	知识因素	精英教育（K1）
		多元和国际化教育（K2）
	能力因素	个性诱导（A1）
		重大科技工程和计划实施（A2）
价值变量	投资因素	教育投资（I1）
		研发实践投入（I2）
社会变量	激励因素	危机文化（S1）
		社会竞争意识（S2）
		科研人员奉献精神（S3）
	环境因素	组织（企业）开放性（E1）
		国家创新体系建设（E2）
		国家科研基础设施建设（E3）
		社会科学尊崇度（E4）

三、生态要素指标验证

运用文献分析法提炼指标带有一定的主观性，为保证指标体系的科学性和全面性，本书通过传记分析法对以往科学家、发明家的创造性活动进行分析，以提炼即使在时代背景和科技发展水平不同时，创新型人力资本所需的知识、技能，以及科技活动的组织方式等的共性特征，对已构建的指标体系进行验证。

传记分析法是通过对有关历史人物传记资料中的历史事件进行分析，检测人物行为的一种研究方法，包括个案研究分析与历史文献分析。尤其在创造力

第五章 原始创新型人力资本培养生态模型构建

领域中,认为创造性属于一种生活事件,应该通过考察创造性人物在环境中的具体事件揭示创造力个体的共性特征和成长规律。特曼曾利用传记分析法评估杰出人物在少年时期的智商特征①。20世纪30年代,中国学者林传鼎运用这种方法研究中国唐宋以来34位历史人物的心理特质②。朱晨海、孔克勤采用传记分析法对近现代中国100名文化名人的气质、需要、能力、价值观、伦理道德和人格特质进行了研究③。狭义的传记分析法是指对传记资料的非结构式定性研究;广义的传记分析法既包括对文献资料的定性研究,又包括对文献资料的定量研究(即内容分析法)。这一方法的最大优势在于能够使研究者超越时空限制,不需要研究对象直接进入研究情境,而不会因研究对象受到实验情境的干扰而影响研究结果的可靠性,可以为其他研究方法提供有关创造性人才在创新活动事件中细节的补充材料。传记分析法的主要缺陷在于传记分析的不可控因素太多,且理论难以整合。同时,传记资料是对以往科学家、发明家创造性活动的记载,活动情境与现实的科技创新活动有很大不同。研究认为,虽然由于时代背景和科技发展水平不同,但创新型人力资本所需的知识、技能以及科技活动的组织方式存在一定的共性特征,因此可以运用这种方法对采集的生态要素进行验证。

(一)传记抽样

通过对目前国内出版的多部科学家、发明家传记文献的比较,本书选择安徽教育出版社出版的《院士思维》四卷作为分析材料④。中国科学院院士和中国工程院院士是国家设立的科学技术、工程技术方面的最高学术称号,具有崇高的荣誉和学术权威性。优秀的科学家群体正是中国原始创新能力的体现,是当之无愧的原始创新型人力资本。这部传记客观真实地记录了220位两院院士的成长经历及科技创造活动,集中反映了他们取得科学成就所应具备的个人因素及环境因素,能够满足对于原始创新型人力资本培养生态要素验证的基本需要。传记文献共194万字。他们出生的年代以及在各科学领域的分布状况见表5-3、表5-4。

---

① TERMAN L M. The binet scale and the diagnosis of feeble-mindedness [J]. Journal of the American Institute of criminal law and criminology, 1916, 7 (4): 530-543.

② 林传鼎. 唐宋以来三十四个历史人物心理特质的估计 [M]. 北京:辅仁大学心理系, 1939.

③ 朱晨海, 孔克勤. 近现代中国文化名人人格的初步研究 [J]. 心理科学, 1999 (4).

④ 卢嘉锡. 院士思维 [M]. 合肥:安徽教育出版社, 2003.

表 5-3　220 位两院院士的出生年代分布

出生年代	人数	比例（%）
20 世纪 20 年代前	68	30.90
20 世纪 20 年代	56	25.50
20 世纪 30 年代	83	37.70
20 世纪 40 年代	12	5.50
20 世纪 50 年代	1	0.40

表 5-4　220 位两院院士的科学领域分布

序号	领域	人数	比例（%）
1	地理学	35	16
2	化学	24	11
3	计算机科学	8	4
4	建筑学	8	4
5	农学	10	5
6	设备与材料	24	11
7	生物学	22	10
8	数学	1	0
9	天文学	5	2
10	物理学	61	27
11	医学	22	10
合计		220	100

（二）过程概要

由于对传记资料进行分析的主要目的是挖掘 220 位两院院士原始创新能力形成的生态影响要素，因此，采用非结构化定性分析方法即能满足研究的需要。具体的分析发掘过程以篇为单位进行，为了充分把握各篇传记中有利于要素挖掘的关键信息，对每篇传记的阅读均在两次以上。在阅读过程中特别注重探求当事人的学习及科技创新活动，以及当事人开展创新活动的有利因素。每完成一篇传记的阅读，即根据特定的语义从中提取有利于当事人原始创新能力

第五章 原始创新型人力资本培养生态模型构建

培养的环境要素,与通过文献分析法采集的生态要素进行比照,能够包含其中的,用采集的生态要素进行标识,未包含其中的则单独标识。表5-5是在传记分析过程中的某一片段的节录。

表5-5 220位两院院士传记分析片段节录

专家编号	001（第一卷1—8页）
姓名	丁舜年
从事的科学领域	电机工程学家
出生地	江苏泰兴
出生年月	1910年12月
国内毕业院校	上海交通大学
国外留学院校	无
取得重大科技成果的年份	20世纪30年代

文献编号001-001（专家编号—文献编号）P2

在我青少年时代,正处在辛亥革命的动荡年头。我目睹了帝国主义列强入侵、军阀割据混战、民不聊生的景况,深感"国家兴亡,匹夫有责"。在杭州读高中期间,我受到了"科学救国,振兴工业,富国强兵,抵御外侮"的爱国思想的影响,立志要学好数理化,为以后投身科技事业打好基础。高中毕业后,我考取了上海交通大学电机工程学院,攻读电力专业	S1——危机文化 S2——社会竞争意识 K1——精英教育 具有社会责任感

文献编号001-002（专家编号—文献编号）P3

1945年抗战胜利以后,我应聘到资源委员会中央电工器材厂任工程师兼上海制造厂电机组组长……在我的主持下,完成了闵行上海电机厂的设计工作。1956年我被调往新成立的科学研究单位工作……我努力实现国家对这个国内唯一的综合电工研究院的期望与要求,研究开发了制造新型电机电器所必须的基础材料;研究发展了电工新技术和新产品;试制成功半导体整流管、晶闸管和其他电力电子器件;并领导建设成一机部系统第一个电子计算机站。在1964年秋,我又出任一机部电工总局总工程师,重点抓了100兆瓦和200兆瓦汽轮发电机的研制项目……20世纪70年代初,我又主持研制了600兆瓦发电机组,负责设计发电机和自动化系统,提出了新的设计方案和试制成功数十种自动化元件和仪表仪器	I2——研发实践投入 A2——重大科技工程和计划实施 E3——国家科研基础设施建设

资料来源:卢嘉锡.院士思维:第1卷[M].合肥:安徽教育出版社,2003.

（三）传记分析结果

对 220 份传记材料逐一阅读完成后，经过汇总共得到 18 个在院士从事原始创新活动中包含的生态要素，其中根据文献分析法提炼的 13 个要素在传记分析结果中均有体现，计算频次见表 5-6。

表 5-6　13 个生态要素在 220 位院士身上体现的频次统计（$N=220$）

要素编号	要素	频次	占总人数百分比（%）
K1	精英教育	174	79.1
K2	多元和国际化教育	96	43.6
A1	个性诱导	77	35.0
A2	重大科技工程和计划实施	92	41.8
I1	教育投资	33	15.0
I2	研发实践投入	124	56.4
S1	危机文化	57	25.9
S2	社会竞争意识	57	25.9
S3	科研人员奉献精神	110	50.0
E1	组织（企业）开放性	78	35.5
E2	国家创新体系建设	24	10.9
E3	国家科研基础设施建设	31	14.1
E4	社会科学尊崇度	9	4.1

本书假设频次统计在 15% 以上的要素，一般程度上体现了原始创新生态环境的共性特征。根据表 5-6 发现，通过文献分析法获得的 13 个生态要素中有 10 个要素在传记分析过程中频次统计在 15% 以上，有 3 个要素在 15% 以下。由于《院士思维》1~4 卷成书于 1999 年，选取的 220 位院士最年长的出生在 1910 年，最年轻的出生在 1953 年，他们从事原始创新工作的时期集中在新中国建立至 20 世纪 80 年代。这一时期，中国的原始创新刚刚起步，处于缓慢发展的阶段，原始创新型人力资本培养生态还未建立起来，体现在培养生态影响要素上带有较为明显的时代特点。统计频次小于 15% 的 3 个要素为：国家创新体系建设、国家科研基础设施建设、社会科学尊崇度。虽然 3 个要素在传记分析过程中体现为人次分布分散，但本书认为，只有在市场经济条件和特定时期，3 个要素才可能对原始创新型人力资本的培养发挥作用，因此予以保留。

用传记分析法提炼出的其余 5 项生态要素中,只有"组织(企业)科技储备"在 15% 以上的院士原始创新活动中有所体现,出现频次 36 人次,占比 16.3%。本书认为,这项生态要素体现了原始创新生态环境的共性特征,可以补充为生态要素指标。其余 4 个要素分别为:具有社会责任感、员工培训、创新思维训练、接受新生事物,在人次分布上较为分散(均在 15% 以下),难以体现共性特征,本书未予采用。"组织(企业)科技储备"生态要素,根据其基本含义归入环境因素中。至此,通过文献分析法和传记分析法共形成 14 个原始创新型人力资本培养生态要素指标。

(四) 验证结果

通过比较用文献分析法和传记分析提炼的要素后发现,两种方式所采集的要素具有较高的重合度,只有"组织(企业)科技储备"要素在前一种方式所获得的要素中没有涉及。本书将其作为补充归并到原始创新型人力资本培养生态的影响要素中。根据含义,"组织(企业)科技储备"归类于环境因素,共形成 14 个生态要素,归类后的结果见表 5-7。

表 5-7 原始创新型人力资本培养生态建构要素

变量	因素	指标
个体变量	知识因素	精英教育(K1)
		多元和国际化教育(K2)
	能力因素	个性诱导(A1)
		重大科技工程和计划实施(A2)
价值变量	投资因素	教育投资(I1)
		研发实践投入(I2)
社会变量	激励因素	危机文化(S1)
		社会竞争意识(S2)
		科研人员奉献精神(S3)
	环境因素	组织(企业)开放性(E1)
		国家创新体系建设(E2)
		国家科研基础设施建设(E3)
		社会科学尊崇度(E4)
		组织(企业)科技储备(E5)

原始创新型人力资本培养生态14个要素的功用，是形成培养生态系统在知识、能力、投资、环境、激励5个方面的系统优化，从而提升创新型人力资本特别是原始创新型人力资本的产生、发展和水平提高。

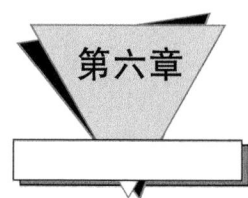

中国原始创新型人力资本培养生态评价

第一节 原始创新型人力资本培养生态度量

一、原始创新型人力资本培养生态模型的指标分析

上一章得出五个要素群的 14 个生态要素构成了原始创新型人力资本培养生态模型的雏形。指标的设置考虑了三个原则：第一，科学性和实用性相统一，即指标的设置在充分认识和系统研究的基础上要简单明了，容易理解，同时考虑数据取得的难易程度和可靠性；第二，系统性和层次性统一，既能较客观地反映不同指标的差异，又避免指标重叠；第三，全面性和代表性相统一，即指标选取考虑不同方面，同时强调代表性和典型性。在查阅文献和典型案例分析的基础上，对五个要素群的指标进行了分析。

（一）知识因素

知识因素主要包括两个要素：精英教育与多元和国际化教育。

在高效的教育体系中，学生可以获得创新思维、创造过程、创新意识、质疑精神方面的训练，并将具有这些特长和素质的学生选拔出来接受更高层次的、专门培养创新人才的研究生教育。另外，精英学生在获取知识和提高创新能力的过程中，如果能跨学科、跨领域、全球化接收信息，将更有利于学生的自由发展，更容易碰撞出创新的火花。因此，我们选取"在校研究生人数"代表精英教育的基础，因为研究生教育是最高一级的教育层次，研究生（包括硕士、博士）是潜在的原始创新型人才。而多元和国际化教育指标则选取"学成归国留学人员"人数。每年，中国有大量的学生到欧美等发达国家留学，除了能够掌握科学前沿外，还能够接触到东西方多元文化的碰撞，更加有利于原始创新行为的产生。

（二）能力因素

能力因素主要包括两个要素：个性诱导与重大科技工程和计划实施。

(1) 个性诱导。在创新素质和创新能力研究方面，创新型人才的创新思维和创新个性的培养是重要内容。高等教育作为创新型人才培养的摇篮，发展方向对国家的创新生态将产生重要影响。高等教育的专业目录设置是人才培养的指挥棒，对创新个性的形成具有较强的导向作用。因此，本书选取"本科专业数"代表个性诱导。中国改革开放以后经历了四次专业目录调整，分别是 1987 年、1993 年、1998 年和 2012 年，调整后的专业数量分别为 644 个、504 个、

249个、506个①。

(2) 重大科技工程和计划实施。在教育领域最为著名的科技工程即为"211工程"和"985工程"。"211工程"是新中国成立以来由国家立项在高等教育领域进行的规模最大、层次最高的重点建设工作,1995年11月,国务院批准后正式实施。1998年5月4日,时任国家主席江泽民在庆祝北京大学建校100周年大会上向全社会宣告:"为了实现现代化,我国要有若干所具有世界先进水平的一流大学。"1999年,国务院批准教育部《面向21世纪教育振兴行动计划》,"985工程"正式启动建设。"985工程"高校为39所,全部为"211工程"高校。如果说"211工程"的目标是构建中国高校的精英阶层,那么"985工程"即为培养高校精英阶层的最顶端。"985工程"和"211工程"的实施对高等教育体系在创新型人才培养、科学研究和社会服务方面产生了显著的影响。虽然985、211相关文件于2016年失效,代之以"双一流建设",但国家实施重大科技工程仍在继续,并未中断。由于"985工程"高校全部为"211工程"高校,因此,本书选取"211工程"实施的1995年作为时间点,1995—2017年赋值为1,代表实施了重大科技工程和计划,1995年之前赋值为0,代表未实施重大科技工程和计划。

(三) 投资因素

投资因素主要包括两个要素:教育投资和研发实践投入。

(1) 教育投资。国家、社会和家庭所提供的教育投入是个体能够接受高质量教育的保证。统计年鉴上教育经费指教育经费总投入,包括国家财政性教育经费、社会团体和公民个人办学经费、社会捐赠经费、学费和杂费、其他教育经费。通过查询数据可以看出,教育经费总投入是逐年增加的。但使用教育经费的绝对量判断教育投资的高低具有一定的片面性,因此,决定选取"教育投资相对量"代表教育投资。教育投资相对量是指教育经费在国民生产总值中所占的比重,这一数据可以衡量一国用于教育的资源在资源总消耗中的比例,反映对教育的重视程度。

(2) 研发实践投入。原始创新能力是在实践和工作中提高的,而企业是从事原始创新活动的主体,高强度的研发投入,提供高标准的研发设施,为创新型人才提供参与科技研发的机会,更有利于原始创新成果的产生。因此,选取

---

① 吴越. 我国高校本科专业设置政策转型探析 [J]. 中国高教研究, 2010 (7).

"研究与试验发展基础研究经费支出"代表研发实践投入。研究与试验发展（R&D）经费支出合计指调查单位用于内部开展研究与试验发展活动的实际支出，包括基础研究、应用研究和试验发展三个部分的实际支出。其中基础研究指为了获得关于现象和可观察事实的基本原理的新知识（揭示客观事物的本质、运动规律，获得新发现、新学说）而进行的实验性或理论性研究，不以任何专门或特定的应用或使用为目的，其成果以科学论文和科学著作为主要形式，用来反映知识的原始创新能力。因此，我们只选取研究与试验发展经费支出中基础研究经费支出代表研发实践投入。

（四）环境因素

环境因素主要包括五个要素：组织（企业）开放性、国家创新体系建设、国家科研基础设施建设、社会科学尊崇度、组织（企业）科技储备。

（1）组织（企业）开放性。原始创新是知识通过连续积累而最终产生新知识、新概念的过程。在开放的环境下，创新型人才能够在国内外进行充分的交流，最大限度地获得新信息、新知识，并通过知识共享，产生新的边缘和交叉知识，从而扩大创造新知识的机会，促进原始创新成果的产生。改革开放40多年来，国家出台政策鼓励外商来华投资，一方面吸引资本；另一方面通过引进国外的先进技术，首先实现跟随型创新，在此基础上推动原始创新的突破。近年来，中国一批原始创新成果的产生正是得益于这一正确政策的实行。通过外商投资，中国政府、企业和其他经济组织可以筹措境外外汇、技术、设备等，用于本国原始创新活动的开展。因此，企业的开放性主要考虑中国企业吸引外商投资的能力，选取"外商投资企业数"代表企业的开放性。

（2）国家创新体系建设。改革开放40多年来，中国取得了举世瞩目的成就。国家创新体系的建立与发展是成就取得的重要引擎和基础。中国国家创新体系经历了从弱到强，从依赖跟跑的跟随者到走出具有中国特色的自主创新道路。中国社会科学院于文浩将中国国家创新体系的演变历程分为四个阶段①：①成套技术引进与模仿（1978—1984）；②市场换技术与模仿创新（1985—1996）；③集成创新和二次创新（1997—2005）；④集成创新、二次创新和原始创新（2006至今）。每个阶段的演变都是国家创新体系的进步与发展，本书分别用1，2，3，4赋值四个发展阶段进行量化分析。

---

① 于文浩. 改革开放40年中国国家创新体系的路径选择与启示［J］. 南京社会科学，2018（9）.

(3) 国家科研基础设施建设。科技基础条件是支撑科技进步和创新的重要基础，尤其是开展高水平科技创新活动，产生原始创新成果，更离不开科研基础设施的保障。科研基础设施和通用科研仪器是探索未知世界，发现自然规律，突破科学前沿的重要资源，是从事原始创新活动的必要条件。国家在科研基础设施和科研仪器上的持续投入，促进了中国科研体系的进一步完善，取得了良好的科技价值，对中国科技创新的发展发挥了重要的作用。因此，本书选取了"科学研究、技术服务和地质勘探行业固定资产投资"数据代表科研基础设施建设情况。

(4) 社会科学尊崇度。近年来，我们经常可以在网络上看到对科学家科技创新工作的介绍和报道。社会逐渐形成一种共识，即：一个健康的社会，不应该只有明星是大众偶像，为祖国科技发展贡献力量的众多科学家，更应该成为公众的偶像。全社会对从事科技创新工作的尊崇和对科研人员的尊重是社会科学尊崇度的重要体现。社会对科技工作者的尊崇度越高，进入科研领域以及从事科研工作的人会越多。因此，本书选择"全国研究与试验发展人员全时当量"代表社会科学尊崇度指标。

(5) 组织（企业）科技储备。组织（企业）科技储备是对已经形成阶段性成果或有望形成重大成果的项目进行重点管理，通过储备让成果"长大"，形成核心技术或原始创新型成果。科技储备最重要的途径就是专利储备，利用国内外的专利促进自主创新，因此，国家应该把专利储备放在和外汇储备、军事储备同样重要的位置。2017年，阿里巴巴与浙江大学合作组建了"阿里巴巴—浙江大学前沿技术联合研究中心"。阿里巴巴向进入中心的学者，完全开放18年发展所积累的技术资源，极大地提高了工作效率和迭代速度。正是基于这样的理念，阿里巴巴才能成长为一家世界级的公司，推动科技的发展。本书认为，发明专利的申请授权数是一国科技储备实力的重要体现，是产生原始创新成果的重要基础，因此，选取"发明专利申请授权数"代表组织（企业）科技储备。

（五）激励因素

激励因素包括三个要素：危机文化、社会竞争意识、科研人员奉献精神。

(1) 危机文化。1978—2007年，中国经济总量以平均10%的速度增长。2008年金融危机后，中国为了稳定经济增长，避免实体经济"硬着陆"，采取了财政和货币双扩张的宏观调控政策，经济得以稳定在中高速增长水平。图6-1显示，按照"峰—峰"法，中国经济增长完成了三轮周期，分别为：

1978—1984年、1985—1992年、1993—2007年,2008年至今,中国仍然处在第四轮周期范围内。每一轮完整的经济周期,中国都经历了经济增长的最低点后开始迅速回升。与缓慢回升相比,本书认为经济快速企稳回升可能的一个因素是社会创新环境的改变或进步。如图6-1所示,1981年、1990年、1999年为前三轮完整经济周期的最低点,本书选取1981年、1990年、1999年为危机年份,分别赋值1。由于第四轮经济周期还处在过程中,无法判断经济增长的最低点出现在哪年,故不予考虑。

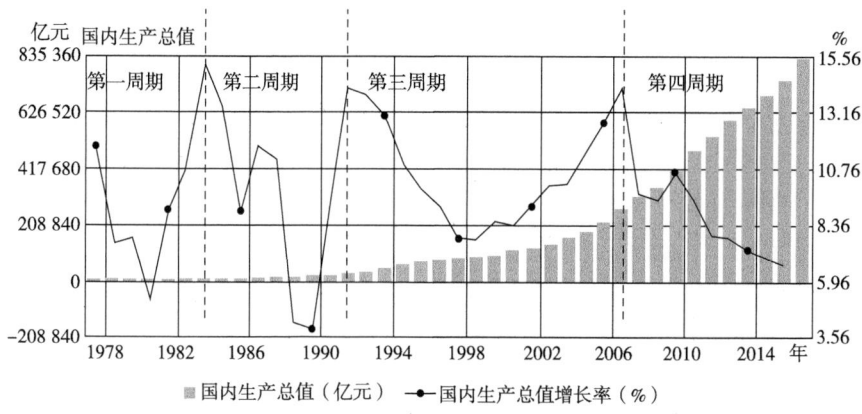

图6-1 中国GDP增长率(1978—2016年)

(2)社会竞争意识。社会竞争意识是指社会对于竞争环境的追求与接受度。中国改革开放前实行计划经济体制,在社会主义经济建设方面否认经济竞争的地位和作用。改革开放后,通过对中国社会主义初级阶段基本国情的准确认识,实现了由计划经济体制到市场经济体制的根本转变,竞争机制作为市场经济体制的内在要求随之确立,并在推动经济繁荣和社会进步方面日益发挥作用。生产资料公有制是建立在排斥竞争基础上的一种资源配置制度,其实质是垄断。而生产资料私有制以追求利润最大化为目标,必然展开广泛的自由竞争,虽然会导致经济危机、贫富两极分化等问题,但竞争会带来效率的提高。经济竞争的核心是商品竞争,商品竞争力的强弱决定着商品所有者的命运和利益得失。因此,深度参与商品竞争的私营企业必然会更注重创新,使自身的商品更具有竞争力。由于社会竞争意识是思想意识方面的指标,很难量化,所以本书选取国有与私营企业数代表社会竞争意识。私营企业占比高,即认为社会

对竞争环境的接受度较高。

根据《中国统计年鉴》主要统计指标解释,企业登记注册类型分为:内资企业、港澳台商投资企业和外商投资企业三大类。其中,内资企业包括国有企业、集体企业、股份合作企业、联营企业、有限责任公司、股份有限公司、私营企业和其他企业。参照余雪飞和宋清华的分类,国有企业、集体企业和联营企业等以公有制为主体的企业可统称为国有企业,其他类型的企业则归为私营企业[①]。根据以上分类,将企业数据进行整理,分别得出国有企业和私营企业的数量,并计算出私营企业的占比。

(3) 科研人员奉献精神。在中国知网搜索科研人员奉献精神方面的研究几乎没有。但在整理 220 位老一辈院士的传记时,一个深刻的感受就是他们都具有非常强的社会责任感,经常为了攻克科研难关夜以继日地工作,并不考虑个人的收入所得。科学研究是长期、枯燥的工作,需要牺牲比常人更多的精力和时间。这种奉献和付出与科研人员所获得报酬不匹配,正是科研人员的奉献精神激励着他们开展创新工作,尤其是从事原始创新研究。本书认为,科研人员的工资所得在一定程度上可以反映他们的奉献精神,因此,选取"从事科学研究、技术服务人员的平均工资"数代表这一指标。

二、原始创新型人力资本培养生态模型的度量方法分析

在上节中对 14 个指标进行了分析和赋值,本书采用主成分分析法进行聚类分析,得出原始创新型人力资本培养生态的特征,从而得出综合的评价结论。

主成分分析(PCA)是一种以最少的信息丢失为前提,从多个变量中选出少数几个变量,但仍能代表原来变量大部分信息的多元统计分析方法。主成分分析要做的是:设法将原来众多具有相关性的变量重新组合为一组新的相互无关的综合变量来代替原来的变量。通常,数学上的处理方法是将原来的变量做线性组合,作为新的综合变量。但是这种组合如果不加以限制,则可以有很多。如果将选取的第一个线性组合即第一个综合变量记为 F_1,希望它尽可能多地反映原来变量信息。信息用方差测量,即 $\text{Var}(F_1)$ 越大,表示 F_1 包含的信息越多,即最大方差原则。因此在所有线性组合中所选取的 F_1 应该是方差最大

---

① 余雪飞,宋清华."二元"信贷错配特征下的金融加速器效应研究:基于动态随机一般均衡模型的分析 [J]. 当代财经,2013 (4):48-58.

的，称为第一主成分。为了直观地表达主成分分析的原理，从数学角度对其进行阐述。

对于包含 m 个指标的 n 个样本数据矩阵 X 进行主成分分析：

$$X = \begin{bmatrix} x_{11} & x_{12} & \cdots & x_{1m} \\ x_{21} & x_{22} & \cdots & x_{2m} \\ \vdots & \vdots & \vdots & \vdots \\ x_{n1} & x_{n2} & \cdots & x_{nm} \end{bmatrix}$$

其中，m 个随机变量 $x_1, x_2, \cdots, x_m$，构成 m 维向量，记为 $x = (x_1, x_2, \cdots, x_n)'$，其均值向量为 μ，协方差为 $\sum$，线性组合为：

$$\begin{cases} F_1 = a_{11}x_1 + a_{12}x_2 + \cdots + a_{1m}x_m \\ F_2 = a_{21}x_1 + a_{22}x_2 + \cdots + a_{2m}x_m \\ F_m = a_{m1}x_1 + a_{m2}x_2 + \cdots + a_{mm}x_m \end{cases} \quad (6.1)$$

其矩阵形式为：

$$F = Ax \quad (6.2)$$

式中，$F = (F_1, F_2, \cdots, F_m)'$

$$A = \begin{bmatrix} a_{11} & a_{12} & \cdots & a_{1m} \\ a_{21} & a_{22} & \cdots & a_{2m} \\ \vdots & \vdots & \vdots & \vdots \\ a_{m1} & a_{m2} & \cdots & a_{mm} \end{bmatrix} = \begin{bmatrix} a'_1 \\ a'_2 \\ \vdots \\ a'_m \end{bmatrix}$$

寻找主成分的问题，就是寻找 x 的线性函数 $a'_i x$，使 $a'_i x$ 相应的方差尽可能大的极值问题，但即使

$$\text{var}(F_i) = \text{var}(a'_i x) \quad (6.3)$$

达到最大值，为了避免 $\text{var}(F_i) \to \infty$，应给 $a'_i x$ 的系数加个约束条件，即

$$a'_i a_i = 1(i = 1, 2, \cdots, m) \quad (6.4)$$

同时要求各 $F_i(i = 1, 2, \cdots, m)$ 之间应相互独立（不相关），即

$$\text{var}(F_i) = \max[\text{var}(a'_i x)] \quad (6.5)$$

满足式（6.4）和式（6.5）的 F_i 的方差依次递减：F_1 是 x 的一切线性组合中方差最大的，F_2 是与 F_1 不相关的 x 的一切线性组合中方差最大的，F_m 是与 F_1，$F_2 \cdots F_{m-1}$ 不相关的 x 的一切线性组合中方差最大的。

$$\text{var}(F_i) = \max[\text{var}(a'_i x)] \quad (6.6)$$

式（6.4）和式（6.5）从协方差矩阵 $\sum$ 出发求解主成分，求得的 F_1 为第 1 主成分，F_2 为第 2 主成分……，F_m 为第 m 主成分。

上述极值问题采用拉格朗日乘数法求解，构造目标函数 L：

$$L = a'_i \sum a_i - \lambda(a'_i a_i - 1) \tag{6.7}$$

对 a_i 求偏导数，并令其为 0，因此有

$$\frac{\partial L}{\partial a_i} = 2\sum a_i - 2\lambda a_i = 0 \tag{6.8}$$

从而

$$\sum a_i = \lambda a_i \tag{6.9}$$

可见，方差极大的条件是 a_i 为 $\sum$ 的特征向量，λ 为对应的特征值。考虑到约束条件 $a'_i a_i = 1$，根据式 (6.9) 和式 (6.3) 显然有

$$\mathrm{var}(F_i) = \mathrm{var}(a'_i X) = a'_i \sum a_i = a'_i \lambda a_i = \lambda a'_i a_i = \lambda \times 1 = \lambda \tag{6.10}$$

式 (6.10) 说明主成分的方差是协方差矩阵 $\sum$ 的特征值。

协方差矩阵 $\sum$ 为实对称矩阵，根据线性代数的知识可知，必有 m 个实特征根及相应实特征向量对应不同的特征值的特征向量是正交的。假设 $\sum$ 的 m 个特征值为 $\lambda_1 \geq \lambda_2 \geq \cdots \geq \lambda_m \geq 0$；$e_1, e_2, \cdots, e_m$ 为对应的单位化正交特征向量（会有无穷多解，决定了主成分分析的多解性），用矩阵表示如下：

$$E = (e_1, e_2, \cdots, e_m) = \begin{bmatrix} e_{11} & e_{12} & \cdots & e_{1m} \\ e_{21} & e_{22} & \cdots & e_{2m} \\ \vdots & \vdots & \vdots & \vdots \\ e_{m1} & e_{m2} & \cdots & e_{mn} \end{bmatrix}$$

则 x 的第 i 个主成分实际就是借助于 $\sum$ 的特征值所对应的特征向量给出，公式如下：

$$F_i = e'_i x = e_{11}x_1 + e_{2i}x_2 + \cdots + e_{mi}x_m (i = 1, 2, \cdots, m) \tag{6.11}$$

根据 $EE' = E'E = I$（I 为单位矩阵），$\sum$ 是实对称矩阵，有：

$$E' \sum E = \begin{pmatrix} \lambda_1 & \cdots & 0 \\ \vdots & \ddots & \vdots \\ 0 & \cdots & \lambda_m \end{pmatrix}$$

根据正规矩阵的谱分解定理，从式中容易求出 $\sum$：

$$\sum = E \begin{pmatrix} \lambda_1 & \cdots & 0 \\ \vdots & \ddots & \vdots \\ 0 & \cdots & \lambda_m \end{pmatrix} E' = \sum_{i=1}^{m} \lambda_i e_i e'_i$$

于是对于任意 m 维非零向量 a，有

$$a'\sum a = \sum_{i=1}^{m}\lambda_i a'e_i e'_i a = \sum_{i=1}^{m}\lambda_i(a'e_i)^2$$

所以,

$$a'\sum a \leq \lambda_1 \sum_{i=1}^{m}(a'e_i)^2 = \lambda_1 a'EE'a = \lambda_1 a'a = \lambda_1 \tag{6.12}$$

当 $a = e_1$ 时,$e'_1 \sum e_1 = \lambda_1$

使 $\mathrm{var}(F_i)$ 达到最大 [满足 (6.6) 式]。此时,由于 $e'_1 e_i = 1$,使

$$\mathrm{var}(F_i) = \mathrm{var}(e'_1 X) = e'_i \sum e_1 = \lambda_1 \tag{6.13}$$

达到最大,因而有

$$F_1 = e_{11}x_1 + e_{21}x_2 + \cdots + e_{m1}x_m$$

类似地可以得到其他主成分的表达式,得到 (6.11) 式。

总体主成分有几个性质:

(1) $\mathrm{var}(F_i) = \lambda_i; i = 1, 2, \cdots, m$,即 F 的协方差阵 $\mathrm{var}(F)$ 是由 x 的协方差阵的特征根组成的对角阵。

这个性质可以从式 (6.13) 看出,用矩阵表示为

$$\mathrm{var}(F) = \begin{pmatrix} \lambda_1 & \cdots & 0 \\ \vdots & \ddots & \vdots \\ 0 & \cdots & \lambda_m \end{pmatrix} \tag{6.14}$$

(2) X 的总方差可以分解为不相关的主成分间的方差之和,即

$$\sum_{i=1}^{m}\sigma_i^2 = \sum_{i=1}^{m}\lambda_i \tag{6.15}$$

式中,σ_i^2 为 x 的第 i 个分量 x_i 的方差,即 $\sum$ 的对角线上第 i 个元素,λ_i 为 F_i 的方差。

(3) 主成分与原变量的各种相关系数的关系。

设 X 的主成分为 $F_i = e'X, i = 1, 2, \cdots, m$,用 $\rho(F_i, x_k)$ 表示 F_i 与 x_k 的相关系数,则有:

$$\rho(F_i, x_k) = e_{ik}\sqrt{\lambda_i/\sigma_k} \quad (i, k = 1, 2, \cdots, m) \tag{6.16}$$

$$\sum_{k=1}^{m}\sigma_k^2 \rho^2(F_i, x_k) = \lambda_i \quad (i = 1, 2, \cdots, m) \tag{6.17}$$

$$\sum_{i=1}^{m}\rho^2(F_i, x_k) = \sum_{i=1}^{m}\left(e_{ki}^2 \frac{\lambda_i}{\sigma_k}\right) = 1 \quad (k = 1, 2, \cdots, m) \tag{6.18}$$

式中,e_{ik} 表示 e_i 的第 k 个分量。式 (6.16) 表明主成分载荷等于特征根的平方根与标准化特征向量之积;式 (6.17) 表明 x_k 变量中的全部信息可由主成分 F_1, F_2, $\cdots$, F_m 完全表述;式 (6.18) 表明主成分 F_i 与原始变量 x_1, x_2, $\cdots$,

x_m 的相关系数的加权平方和为 λ_i（从方差的角度来讲，主成分 F_i 能够代表原始变量 x_1，x_2，…，x_m 的信息量大小）。

三、原始创新型人力资本培养生态模型的度量结果分析

关于原始创新型人力资本培养生态的研究，定量研究较少。本书通过分析文献法和传记分析法构建评价指标体系，并采用主成分分析法从定量的角度对中国原始创新型人力资本培养生态进行评价和分析。

（一）主成分的选取

根据前文对指标的分析，原始创新型人力资本培养生态模型包含五个要素群 14 个生态要素。14 个生态要素分别用 14 个指标数据代表（见表 6-1）。

表 6-1 生态要素与相应指标数据一览表

要素组合	要素	指标数据
知识因素	精英教育	$X1$——在校研究生人数
	多元和国际化教育	$X2$——学成回国留学人数
能力因素	个性诱导	$X3$——国家设置本科专业种数
	重大科技工程和计划实施	$X4$——重大科技工程实施
投资因素	教育投资	$X5$——教育投资总量的相对量（教育经费/GDP）
	研发实践投入	$X6$——研究与发展经费占国民生产总值的比重（R&D/GDP）
环境因素	组织（企业）开放性	$X7$——外商投资企业数
	国家创新体系建设	$X8$——国家创新体系建设
	国家科研基础设施建设	$X9$——科学研究、技术服务和地质勘探固定资产投资
	社会科学尊崇度	$X10$——全国研究与试验发展（R&D）人员全时当量
	组织（企业）科技储备	$X11$——国内专利申请授权数
激励因素	危机文化	$X12$——危机文化
	社会竞争意识	$X13$——私营企业占比
	科研人员奉献精神	$X14$——科学研究、技术服务和地质勘探平均工资

资料来源：国家统计局网站、《中国统计年鉴》、中国科学统计年鉴和中国劳动统计年鉴。由于有些数据统计口径进行了调整，出于数据完整性考虑，本书选取了 1991—2017 年 27 年的数据进行度量。

用主成分分析法统计结果如表 6-2、图 6-2 所示。

表6-2 主成分特征值、贡献率和累计贡献率

主成分/相关性　　样本数=27　变量数=14

主成分	特征根	方差贡献率	累计方差贡献率
1	8.2656	6.2622	0.5904
2	2.0034	0.7655	0.7335
3	1.2379	0.3077	0.8219
4	0.9302	0.1125	0.8884
5	0.8178	0.4075	0.9468
6	0.4103	0.2775	0.9761
7	0.1327	0.0384	0.9856
8	0.0943	0.0216	0.9923
9	0.0727	0.0591	0.9975
10	0.0135	0.0058	0.9985
11	0.0077	0.0005	0.9990
12	0.0072	0.0023	0.9995
13	0.0049	0.0033	0.9999
14	0.0016	.	1.0000

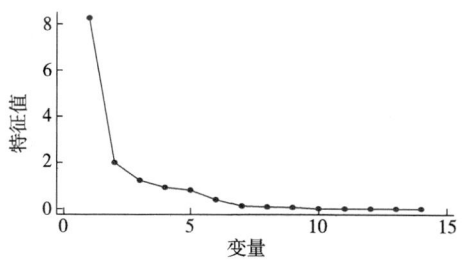

图6-2 碎石图

从表6-2可以看出,第一个主成分的特征值为8.2656,占总特征值的比例为59.04%,表示第一个主成分解释了原始14个变量59.04%的信息,可见第一个主成分对原来14个变量的解释还是很充分的。

从主成分贡献率看,一般主成分的累计方差贡献率达到80%以上的前几个主成分可以选作最后的主成分。或者,当特征值小于1时,就不再选作主成

分。因为如果特征值小于1,则意味着该主成分的解释力度还不如直接用原始变量的解释力度大。从表6-2中可以看出,无论是从累计贡献率还是特征值角度,都是选择前三个主成分。

同样的结果可以从主成分分析的碎石图中得到验证。通过图6-2,可以很直观地看出各特征值的大小。在该图中,特征值等于1处的水平线标示了保留主成分分析的分界点,同时再次强调了本例中的成分4到14并不重要。

表6-3为主成分的因子载荷矩阵。表中的每列表示一个主成分作为原始变量线性组合的系数。例如,第一主成分所在列的系数0.3430表示第一个主成分和变量$X1$之间的线性相关系数。这个系数越大,说明主成分对该变量的代表性越大。

表6-3 主成分的因子载荷矩阵

变量/主成分	1	2	3	4	5	6	7
$X1$	0.343 0	0.044 0	0.001 8	0.003 0	0.087 4	-0.052 9	-0.148 5
$X2$	0.309 3	0.211 8	-0.255 2	0.086 6	0.090 0	0.128 3	0.252 9
$X3$	-0.017 5	0.608 9	0.390 0	0.080 0	-0.131 6	0.189 8	-0.141 3
$X4$	0.184 4	-0.523 0	-0.114 6	-0.131 7	-0.050 9	0.516 5	0.218 0
$X5$	0.329 2	-0.114 5	0.096 6	-0.019 7	-0.027 4	-0.232 8	0.497 7
$X6$	0.344 3	-0.010 5	0.053 8	0.012 5	-0.019 8	-0.135 4	0.182 0
$X7$	0.323 6	-0.065 2	0.060 6	-0.009 3	0.205 9	0.283 9	-0.534 8
$X8$	0.313 7	-0.212 8	0.113 2	0.013 5	0.068 8	-0.031 9	-0.435 2
$X9$	0.056 3	0.197 9	0.630 7	0.481 1	-0.370 0	0.412 3	0.093 3
$X10$	0.335 6	0.137 1	-0.107 2	0.065 3	0.075 6	0.080 3	0.020 6
$X11$	0.319 3	0.181 6	-0.216 5	0.081 4	0.095 1	0.086 2	0.177 1
$X12$	-0.062 0	-0.284 0	-0.255 2	0.848 5	0.186 9	-0.244 5	-0.050 9
$X13$	0.283 4	0.183 0	0.318 2	-0.075 4	-0.087 8	-0.509 6	-0.114 0
$X14$	-0.143 1	0.202 5	0.344 0	0.000 6	0.846 5	0.143 0	0.184 6
变量/主成分	8	9	10	11	12	13	14
$X1$	0.154 6	-0.180 1	0.719 8	-0.436 4	-0.170 5	0.232 2	-0.004 9
$X2$	-0.152 7	-0.236 3	0.247 1	0.161 7	0.286 5	-0.668 8	0.049 7
$X3$	0.214 3	0.579 6	0.007 5	-0.095 6	0.030 8	0.043 9	-0.056 4

续表

变量/主成分	1	2	3	4	5	6	7
$X4$	0.391 7	0.267 9	0.167 5	0.285 0	0.017 1	0.079 7	0.062 7
$X5$	0.013 2	0.304 5	-0.266 4	-0.557 9	0.224 1	-0.016 6	0.201 4
$X6$	-0.040 0	0.130 6	-0.099 7	0.105 0	-0.433 6	-0.113 9	-0.765 4
$X7$	0.302 9	-0.212 6	-0.447 8	-0.262 3	0.155 3	-0.181 0	-0.123 0
$X8$	-0.599 1	0.467 4	0.132 0	0.140 3	0.170 2	0.007 1	0.068 2
$X9$	-0.054 2	-0.031 4	0.048 8	-0.016 6	0.021 7	0.021 4	0.007 0
$X10$	-0.104 2	-0.068 2	-0.242 6	0.135 4	-0.667 2	0.027 4	0.549 2
$X11$	-0.171 3	-0.281 4	-0.163 9	0.221 0	0.346 7	0.664 9	-0.131 2
$X12$	0.168 0	0.061 6	0.001 3	0.034 1	0.001 6	-0.002 8	0.003 8
$X13$	0.476 8	0.066 0	0.041 1	0.458 0	0.173 9	-0.014 9	0.159 0
$X14$	0.048 5	0.193 5	0.063 7	0.062 6	-0.013 5	0.030 4	-0.012 3

相比载荷矩阵，载荷图（Loading Plot）能更直观地显示主成分对原始变量的解释情况。图6-3中横轴表示第一个主成分与原始变量间的相关系数，纵轴表示第二个主成分与原始变量之间的相关系数。每个变量对应的主成分载荷对应坐标系中的一个点。从图6-3中可以看出，第一主成分很充分地解释了X1、X2、X5、X6、X7、X8、X10、X11、X13（与每个原始变量都有较强的正相关关系），第二个主成分则较好地解释了X3，X9，X14三个变量，两个主成分与X4，X12关系较弱。

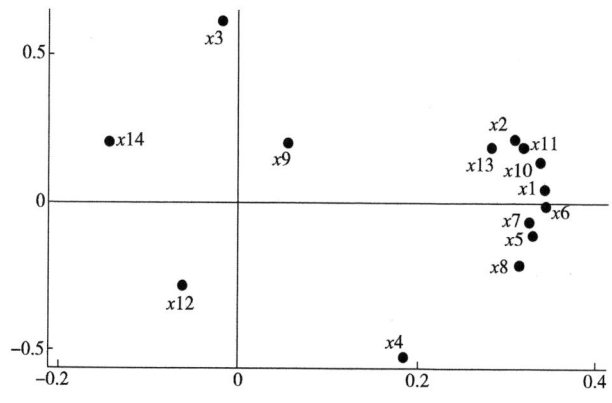

图6-3 载荷图

（二）抽样适合性检验（KMO）和可决系数（SMC）检验

在数据分析统计软件（Stata）中可以用抽样适合性检验（KMO）和可决系数检验（SMC）检验数据是否适合使用主成分分析，凯撒—迈耶—奥尔金（KMO）是做主成分分析的效度检验指标之一，是用于测量变量之相关关系强弱的重要指标，是通过比较两个变量的相关系数与偏相关系数得到的。KMO介于0于1之间。KMO越高，表明变量的共性越强。如果偏相关系数相对于相关系数比较高，则KMO比较低，主成分分析不能起到很好的数据约化效果。根据凯撒一般的判断标准如下：0.00 - 0.49，不能受；0.50 - 0.59，非常差；0.60 - 0.69，勉强接受；0.70 - 0.79，可以接受；0.80 - 0.89，比较好；0.90 - 1.00，非常好[1]。SMC即一个变量与其他所有变量的复相关系数的平方，也是复回归方程的可决系数。SMC越高表明变量的线性关系越强。

综上所述，抽样适合性检验值越高，表明变量的共性越强；可决系数值越高，表明变量的线性关系越强，主成分分析越合适。从表6 - 4中可以看出，KMO检验的总体值为0.784 8，在可以接受的范围内。各变量分别看，KMO和SMC检验值基本符合要求，因此可以判定使用主成分分析法是合适的。

表6 - 4 抽样适合性检验、可决系数检验值

变量	抽样适合性检验	可决系数检验
$X1$	0.911 7	0.987 3
$X2$	0.867 6	0.991 1
$X3$	0.452 4	0.892 9
$X4$	0.533 0	0.950 3
$X5$	0.870 3	0.987 6
$X6$	0.787 4	0.997 4
$X7$	0.766 9	0.978 7
$X8$	0.847 1	0.947 3
$X9$	0.469 8	0.407 6
$X10$	0.824 8	0.996 0
$X11$	0.883 4	0.996 0

---

[1] KAISER H F. An index of factorial simplicity [J]. Psychometrika, 1974, 39 (1): 31 - 36.

续表

变量	抽样适合性检验	可决系数检验
$X12$	0.453 1	0.370 3
$X13$	0.677 1	0.980 1
$X14$	0.545 7	0.661 4
总体	0.784 8	

（三）原始创新型人力资本培养生态的度量

运用主成分分析法，可以计算出从 1991—2017 年原始创新型人力资本培养生态的得分，结果如图 6-4 所示。从图 6-4 中可以看出，中国原始创新型人力资本培养生态整体上是不断改善的趋势，从 2005 年开始，培养生态的得分变为正值。

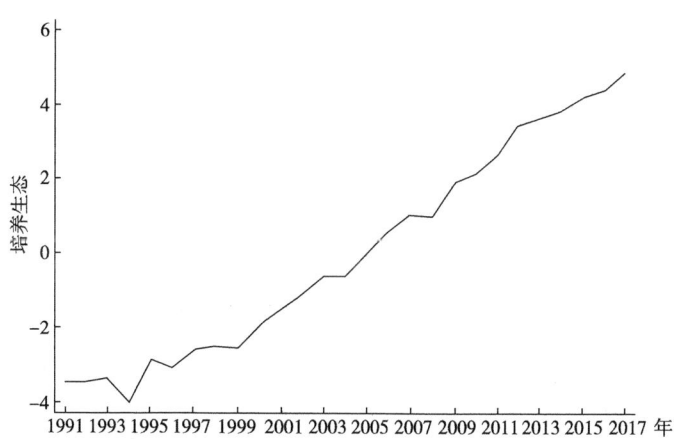

图 6-4　原始创新型人力资本培养生态趋势

在整体增长趋势中，某些年份的培养生态得分出现了波动，例如：1994—1996 年、2003—2004 年、2007—2008 年。分析原因有两点。

第一，1994—1996 年。1994 年培养生态突然出现下行波动，1995 年回升后，1996 年再次下降，但之后的 20 年，培养生态以较快的速度得以改善。分析 1994—1996 年培养生态波动的原因，不得不提到 1993 年中国在经济领域的改革。1993 年全国人大常委会通过了"宪法修正案"，将"社会主义市场经济"写入宪法，同一年作为计划经济重要特征的粮票制度取消，中国从计划经

济逐渐走向市场经济。与此同时，中央开始了工资改革，教师、科技人员、国企员工等薪酬有了较大的增长。度过 2~3 年的波动期，中国原始创新型人力资本培养生态也随着市场经济的发展得到了快速的改善。

第二，2003—2004 年和 2007—2008 年培养生态的两次波动具有相同的特征，即：波动突然出现，持续时间较短，培养生态以较高增速改善的趋势没有改变。分析两次波动的原因，与 2003 年中国大面积暴发"非典"疫情和 2008 年全球金融危机的时间节点相吻合。2003 年国民经济开局良好，第一季度中国经济增长率高达 9.9%，但在"非典"的冲击下，全国在消费需求、工业生产、出口等方面明显减缓。但在政府的领导下，"非典"在 6 月份即得到了较好的控制，因此，虽然造成短时波动，但全年经济与社会各方面仍然保持了良好的发展势头。2008 年的国际金融危机对中国经济造成了巨大冲击，有可能使中国经济增长路径和产业结构优化偏离原来的发展路径。为了应对这一局面，政府迅速做出反应，实施了"4 万亿计划"，使中国经济迅速恢复，避免经济大萧条的出现，将国际金融危机对社会各方面发展的影响降到了最低。因此，培养生态 2003—2004 年、2007—2008 年只出现了短期的波动，且由于中国政府及时采取了措施，并未对培养生态的增长趋势造成本质影响。

总的讲，虽然个别年份出现下行波动，但中国原始创新型人力资本培养生态始终保持着持续改善的趋势。这是中国建设科技强国，建成创新型国家的坚实基础所在。

第二节 原始创新型人力资本培养生态要素分析

上文通过五个要素群 14 个生态要素构建了培养生态模型。研究发现，中国原始创新型人力资本培养生态具有两个特点：一是近 30 年来培养生态得到持续改善，虽然个别年份出现下行波动，但整体改善的趋势没有改变；二是从 2012 年开始，培养生态的改善速度有所下降，且这种下降不是短时波动，而是较为长期的趋势。如何持续快速地改善培养生态，哪些因素对培养生态有更大的影响，需要进一步研究。

一、生态要素与培养生态的相关性

为进一步了解不同生态要素与培养生态得分的关系，本节对 14 个生态要素与培养生态得分进行相关分析，计算相关系数，结果见表 6-5。通过分析数据发现,个性诱导、国家科研基础设施建设、危机文化三个生态要素对培养生态的影响不显著,其余11个生态要素对培养生态的影响显著。在此需要特别指出的是,在上文根据传记分析法计算频次发现,国家创新体系建设、国家科研基础设施建设、社会科学尊崇度三个要素的统计频次小于15%,认为三个要素对原始创新型人力资本培养生态改善发挥作用的特征并不明显。经过相关分析,三个要素中的国家创新体系建设、社会科学尊崇度两个要素对培养生态有显著影响,而国家科研基础设施建设要素对培养生态的影响不显著。由此可见,在培养生态改善方面,物质投入的影响较小。

在影响显著的11个生态要素中,精英教育、教育投资、研发实践投入、组织(企业)开放性、国家创新体系建设、社会科学尊崇度、组织(企业)科技储备七个要素与培养生态高度正相关。多元和国际化教育、社会竞争意识、重大科技工程和计划实施与培养生态也具有较高的正相关性。而科研人员奉献精神与培养生态是负相关。从知识因素、能力因素、投资因素、环境因素、激励因素五个要素组合看,知识因素和投资因素包含的所有生态要素都与培养生态有很高的相关性。

表6-5 生态要素与培养生态得分的相关系数

要素组合	要素	指标数据	与培养生态的相关系数
知识因素	精英教育	X_1——在校研究生人数	0.9860 ***
	多元和国际化教育	X_2——学成回国留学人数	0.8891 ***
能力因素	个性诱导	X_3——国家设置本科专业种数	-0.0502
	重大科技工程和计划实施	X_4——重大科技工程实施	0.5300 ***
投资因素	教育投资	X_5——教育投资总量的相对量(教育经费/GDP)	0.9463 ***
	研发实践投入	X_6——研究与发展经费占国民生产总值的比重(R&D/GDP)	0.9899 ***
环境因素	组织(企业)开放性	X_7——外商投资企业数	0.9304 ***
	国家创新体系建设	X_8——国家创新体系建设	0.9019 ***
	国家科研基础设施建设	X_9——科学研究、技术服务和地质勘探固定资产投资	0.1619

续表

要素组合	要素	指标数据	与培养生态的相关系数
环境因素	社会科学尊崇度	X10——全国研究与试验发展（R&D）人员全时当量	0.9648***
	组织（企业）科技储备	X11——国内专利申请授权数	0.9180***
激励因素	危机文化	X12——危机文化	-0.1782
	社会竞争意识	X13——私营企业占比	0.8149***
	科研人员奉献精神	X14——科学研究、技术服务和地质勘探平均工资	-0.4115**

二、生态要素对培养生态的影响

（一）与培养生态高度正相关的生态要素

根据上文的研究，精英教育、教育投资、研发实践投入、组织（企业）开放性、国家创新体系建设、社会科学尊崇度、组织（企业）科技储备七个要素与培养生态高度正相关。如果将七个方面进一步提升，能更大程度地改善培养生态。

1. 原始创新型人力资本培养的关键是教育

本书所说的精英教育是指能够赋予学生扎实、广泛、清晰的知识传承，通过创新思维、创造过程、创新意识、质疑精神等方面的训练能够选拔出潜在的创新型人才。创新型人才需要具有知识的连续性和素质的完整性[①]，是具有思维、想象、分析、观察等多方面综合素质的人才。原始创新型人力资本的培养路径应该是"能够获得扎实而广泛知识的基础教育→培养分析和观察能力的高等教育→激发兴趣和创造的精英教育"。每个教育阶段应该承担各自的作用，守好责任，却不必超前。

基础教育就是要培养具有扎实知识的广泛而大量的人才，为高等教育的选拔提供数量充足、质量优异的人才基础。

高等本科教育是产生原始创新型人力资本的过渡阶段，高等教育通过对不

---

① 许青云. 高校创新型人才培养研究 [J]. 国家教育行政学院学报，2010（3）.

同学科的选择,对学生求异性和思维多样化进行培养和训练。这些训练是建立创新思维的重要内容,需要较长时间完成。学校的高等教育改革仍然是以知识传授为主要内容的传统教学模式,需要构建适应原始创新能力培养的现代教学模式。学校应该发展学生运用有效思维和实际的技能技巧发展知识和新信息的能力,促进学生独立意识的发展。当然,这种教育模式不仅对学校提出了新的要求,而且对学生提出了更高的要求,部分具有创新潜能的人才通过新的教育模式脱颖而出,进入下一个精英教育阶段。最理想的状态是进入精英教育阶段之前,对人才创新思维的建立、创新能力的培养已经基本完成。精英教育最主要的特点应该是"自由",即鼓励提出有创新性但存在一定风险选题的思想自由,营造学术面前人人平等的交流自由,支持学科交叉融合的合作自由。原始创新型人力资本培养路径的科学与否和效果如何,对培养生态的改善具有重要作用,是不可或缺的重要因素。

2. 教育投资与原始创新型人力资本培养生态高度正相关

教育投资与原始创新型人力资本培养生态具有高度正相关关系,教育投资的提高对培养生态的改善有重要的影响。本书所指的教育投资即国家、社会及家庭所提供的教育投入,保证个体能够接受高质量的教育。现代教育的再生产是以家庭和学校的方式进行的,随着经济社会的发展,家庭在教育再生产中承担着越来越重要的作用,渐渐形成了与学校教育分庭抗礼的局面。学校作为显性的精英选拔机构,在不同教育阶段选拔出有潜力、有能力的人才进行培养,而家庭则在社会阶层结构中隐性地进行筛选①。

中国家庭非常重视对子女的教育,围绕课外补习、特长班、兴趣班的投入越来越多。家长投入了大量的资本为孩子创造更加丰富和个性化的教育选择,从而帮助孩子获得人力资本积累的优势。国家是教育投入的主体,1993年,国家发布的《中国教育改革和发展纲要》提出,国家财政性教育经费支出占国内生产总值(GDP)的比例要在20世纪末达到4%,即世界衡量教育水平的基础线。但是,这一目标中国到2012年才实现。由此可以看出,随着中国经济社会的快速发展,国家对学校教育的投入大幅提高,但仍然不能满足人才培养的需要。近几年,虽然社会上对家庭对教育的过度投入多有诟病,但不可否认的是,家庭对教育的投资是国家教育投资的有力补充,日益发挥着重要的作

---

① 刘保中. "扩大中的鸿沟":中国家庭子女教育投资状况与群体差异比较[J]. 北京工业大学学报(社会科学版),2020,20(2):16-23.

用，对原始创新型人力资本培养生态的改善也具有重要的积极意义。

3. 研发实践投入是国家科技实力的重要指标

鉴于上文计算得出的研发实践投入与原始创新型人力资本培养生态的高度正相关关系，增加研发实践投入对改善培养生态意义重大。2017年，中国研发投入占GDP的比例为2%，达到国际公认的创新型国家的研发投入水平。但基于国家财力有限，并且由于存在边际收益现象，并不是投入越多越好。未来，在研发实践投入上应该重视科研投入的多元化和提高科研投入的利用效率。国家和企业是原始创新的实施主体，对于周期长、风险大的原始理论创新，应由政府对其进行稳定支持。

国家财政支出仍然是研发投入最直接、最主要的形式，为了保证研发投入的持续增长，可以规定各级政府每年按照固定比例增加，确保公益性和非营利性质的原始理论创新的规模和水平。对于原始应用创新可以通过企业交给市场完成。随着市场经济的发展，我们应该树立研发投入的投资观念。科研投入要逐渐从事业化向产业化发展，政府保障企业进行的科技投资可以获得稳定可靠的回报。同时，政府可以通过资金引导、政策优惠、税收减免等措施引入竞争观念和效益观念，增强企业科技投资的能力和积极性。国家和企业在研发投入上既各司其职又互相协同，形成研发投入的新局面。另外，研发投入要克服低水平的重复，注重研发成果的外溢承接，将有限的经费用在刀刃上。

4. 重视开放式创新

组织（企业）开放性意味着企业重视开放式创新，创新型人才能与国内外人才充分交流，吸取先进经验和开阔眼界，从而促进创新成果的产生。当前，很多企业仍然片面地认为要想保持核心技术优势，必须依靠企业自身能力实现技术突破。而对于开放式创新仅理解为引进技术，因此认为这种"开放"并不利于企业原始创新能力的提高。这种观点将原始创新和企业的开放性置于对立的两面，导致很多企业不知道如何利用适度的开放而扩大企业的创新优势。当今，技术发展的跨学科特征和日益激烈的全球化竞争，使得原始创新过程变得更加复杂，没有一个国家或者企业能够在技术领域取得绝对优势[1]。

企业通过开放式创新模式，可以迅速获取和共享知识和技术，整合有效资

---

[1] CALOGHIROU Y, KASTELLI I, TSAKANIKAS A. Internal capabilities and external knowledge sources: complements or substitutes for innovative performance? [J]. Technovation, 2004, 24 (1): 29-39.

源,形成有利于企业发展的原始创新环境。研究表明,采用"开放式"策略的企业比其他企业更容易从高校中吸取资金和成果[①],对于提高企业的原始创新能力,培养原始创新型人才具有重要的意义。企业开放性对原始创新型人力资本培养的路径可以归纳为:企业开放性越高,知识流入与知识外溢的机会越大,对国际前沿的原始创新敏感度以及参与原始创新的意愿越强,从而产出原始创新型人力资本的可能性越高。通过上述分析以及前文计算得出的组织(企业)开放性与原始创新型人力资本培养生态的相关系数,充分表明了二者的高度正相关关系。未来,需要鼓励企业提高开放性,让人才积极融入世界的创新竞争中,从而产出更多的原始创新型人力资本。

5. 国家创新体系建设的正向促进作用

国家创新体系建设对原始创新型人力资本培养生态的正向促进作用毋庸置疑。图 6-5 是研发支出占 GDP 百分比全球排名前 15 的国家与中国在"科技研发投入""每百万居民中的研究人员人数""专利合作条约(PCT)专利申请"三个指标的对比。从图 6-5 中可以发现,中国在"科技研发投入""PCT 专利申请"两个指标上除美国外均遥遥领先于大部分国家,但"每百万居民中的研究人员人数"明显落后于上述 15 个国家,因此,今后中国应该重点发展以未来人才培养为核心的国家创新体系。

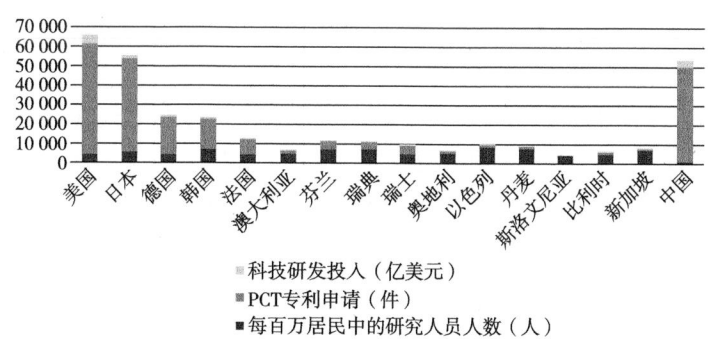

图 6-5 创新型国家主要创新指标对比

未来人才已经不是工业时代所需要的知识型人才,而是与新科技革命和

---

① LAURSEN K, SALTER A. Searching high and low: what types of firms use universities as a source of innovation? [J]. Research policy, 2004, 33 (8).

产业革命相适应,具有创新引领能力的人才,即大家公认的创新人才顶端的原始创新型人才。以未来人才培养为核心的国家创新体系应该注重两个方面:一是对未来尖端人才的培养;二是对未来特殊人才的培养。尖端人才是关键少数,但对全球研究界产生重大影响的正是这些关键少数。根据统计,产出基础研究成果的高发年龄为35岁左右,未来10年,在高成长学科应该重点资助顶尖青年科学家。除了提供资助和硬件条件,更要破除阻碍青年科学家积极性和创造性的体制机制,培养尖端青年人才,要留住和用好尖端青年人才。原始创新是做前人没有的创新,因此未来特殊人才的培养也至关重要。营造一个开放的环境,通过大学、科研院所、国家实验室、企业研发机构等支持特殊人才的新概念、新创意,将会极大地提高产生原始创新成果的可能性。

6. 提高对科学技术和科研人员的尊崇度

本书所说的社会科学尊崇度是指社会文化对于科学技术和科研人员的尊重程度,以及整个社会给予科研人员的支持。对社会支持的研究发生在20世纪50年代,柯布认为,社会支持是个体所感受到的来自其所在的社会网络成员的关心、尊重和重视的一种行为或信息[①]。陈瑜研究了社会支持与自我效能感和职业幸福感之间的关系[②]。自我效能感是个体在面临某一任务时的胜任感以及自信、自尊方面的感受。社会支持能增加个体的自我效能感,而自我效能感的提高能促进幸福感体验水平。社会支持水平高从某种意义上讲是社会尊崇度较高,给科研人员带来较高的职业幸福感。

科研人员的职业幸福感越高,从事科研工作的人员会越多,产生创新成果的可能性就越大。由此可见,社会科学尊崇度对于原始创新型人力资本培养生态的正相关关系有了清晰的逻辑路径。近年来,越来越多的人开始崇拜为国家科学研究做出重大贡献的科研人员,但离形成全民尊重科研人员的社会氛围还有一定的差距。今后,需要更加理解科研工作的特点,尊重科研人员的付出,保护科研成果的获得,促进原始创新型人力资本培养生态的持续改善。

7. 科技储备的作用

科技储备对于产生新的知识产权和加速成果转化具有举足轻重的作用。一

---

① COBB S. Social support as a moderator of life stress [J]. Psychosomatic medicine, 1976 (38):300.
② 陈瑜. 高校科研人员社会支持与职业幸福感关系的实证研究 [D]. 杭州:浙江工业大学, 2012.

方面可以获得更多的自主知识产权;另一方面企业具备更强的技术竞争实力,是企业进行创新的动力源泉。科技储备最重要的作用是对已经形成阶段性成果或有望形成重大成果的项目进行重点管理,通过储备让成果"长大",形成核心技术或原始创新成果。科技储备是企业重要的无形资产,通过不断积累,有利于形成成熟的原始创新成果,占领技术制高点,获得较高的收益。

改革开放 40 多年来,中国的科学技术飞速发展,尤其是近 10 年,企业的科技储备呈爆发式增长。以专利合作条约的专利数为例,2010 年中国专利合作条约的专利数为 12 296 件,2018 年达到 53 345 件,增长了 3.3 倍。快速增长的科技储备,为近年来中国原始创新成果的不断涌现奠定了坚实的基础,也极大地促进了中国原始创新型人力资本培养生态的改善。未来,在科技储备过程中,中国应该把科技发展战略、经济发展战略和知识产权保护战略紧密结合起来,在对普通发明创造切实保护的同时,必须对自主开发核心专利技术的保护给予更多的关注。

(二) 与培养生态正相关的生态要素

除了上文所述的与培养生态高度正相关的七个生态要素外,多元和国际化教育、社会竞争意识、重大科技工程和计划实施与培养生态也具有较高的正相关性。三个要素的改进会促进培养生态的持续改善。

1. 提供多元和国际化教育

随着经济的快速增长和综合实力的增强,中国的中产阶级迅速崛起,他们愿意为子女提供更加多元化和高质量的海外教育。这种教育模式为学生提供了跨学科跨领域的发展、全球化接收信息的机会,更有利于学生的全面成才。滕珺等提出美国的国际教育政策经历了三个阶段,从"精英外语人才"到"区域问题专家"再到"全民全球胜任力"[①]。中国的国际教育最初是以培养"精英外语人才"为目的,留学归国的人才一般从事与外语相关的外贸工作。这一阶段国际教育培养的人才对中国走向世界发挥了积极的作用。随着中国越来越融入国际社会,只懂外语的人才已经不能满足中国发展的需要,随之国际教育担负起培养"区域问题专家"的重任。这些人才日益影响国际上某些领域的发展,使中国在国际上具有越来越重要的话语权。

中国如果想成为一个负责任的大国,培养的人才必须能够适应全球竞争的

---

① 滕珺,张婷婷,胡佳怡. 培养学生的"全球胜任力":美国国际教育的政策变迁与理念转化[J]. 教育研究,2018 (1): 142-147.

要求,具有"全球胜任力"的未来人才储备迫在眉睫。公认的具有"全球胜任力"的人才应该具有"开放的心态""可迁移的技能""以创造性的方式致力于改进现状"等,这些与原始创新型人力资本应具备的能力非常一致。因此,未来中国教育的国际化也应该借鉴"全球胜任力"的理念,结合中国自身的历史和现实条件,构建和创造中国自身的培养原始创新型人力资本的战略定位和实践模式。

2. 鼓励社会竞争意识

社会竞争意识是指社会文化对于竞争的接受度和对失败的容忍度。根据上文计算得出的相关系数可以看出,社会竞争意识与原始创新型人力资本的培养生态也具有较高的正相关关系,即全社会对竞争的接受度和对失败的容忍度越高,越有利于良好培养生态的构建,越有利于原始创新型人力资本的培养。人类社会的竞争是客观的、普遍存在的,但社会主义条件下的竞争与以往阶级社会的竞争有着本质的区别,社会主义条件下的竞争是社会不同主体在根本利益一致基础上的竞争,是非对抗性、有积极意义的竞争。虽然中国的竞争也要比高下、争胜负、分优劣,但本质上还是为了人的全面进步和国家的全面发展,由此注定了中国社会对竞争的接受度和失败的容忍度比较高。

社会对竞争的接受度和失败的容忍度比较高,从本质上给个人和企业的创新提供了一个宽松的环境。研究表明,对环境的感知可以直接影响人的创新意愿,而且这种感知比实际的宽松性更能影响创新意愿。因此,为科研人员创造一个宽松的创新环境,能让其感受到对创新活动的促进和导向是很重要的。近年来,越来越多的年轻人投身于创新创业活动,虽然多有失败,但仍然不断有人投入其中,正是得益于对竞争的接受度和对失败的容忍度,是社会活力的体现。只有这样才能促进更多的人才投入到创新活动中,从而营造更加良好的原始创新型人力资本培养生态。

3. 国家重大科技工程和计划实施的正向引导

根据上文相关性分析,国家重大科技工程和计划实施对原始创新型人力资本培养生态的发展方向具有正向引导,二者的相关系数为0.53,对培养生态的改善也具有较大的影响作用。重大科技工程一般是政府主导、任务导向的大型科技创新形态,投入资金大、聚集创新人才多,通过核心技术突破和资源集成,在一定时限内完成重大战略产品开发、关键技术研究等。国家重大科技工程在不同发展时期对原始创新人才培养的积极作用不可忽视。新中国成立初期,中国提出自力更生发展科技的战略,当时最著名的科技工程即为"两弹一星"工程。"两弹一星"工程集中了大批科研精英、技术骨干,还吸引了一批优秀的归国留学生参与其中,每年的应届毕业生分配也会优先考虑这个工程的需求。中国从第一颗原子弹爆炸到第一颗氢弹爆炸不足三年,能在如此短暂的时间内实现国防尖端科技的重大突破,与各方面的全力保障尤其是科研人员的保障是分不开的。很多科研人员也通过"两弹一星"工程成长为各领域的领军人才。

"863"计划也是中国高技术发展的重要项目,从此,中国的高技术研究发展进入了一个新阶段。"863"计划是一项持续推进的专项计划,宗旨是集中一部分精干的科技力量,在几个最重要的高技术领域,跟踪国际水平,缩小与国外的差距,并力争在中国有优势的领域有所突破。这一时期,中国科技发展较为迅速,科研专家在任务的提出、决策与监督验收等方面发挥了重要作用,培养了大批各领域的创新型人才。2005年以后,国家提出实施自主创新战略,建设"创新型国家"的总体战略。战略的提出是在全球化背景下的一个关键选择,内涵是原始创新。经过10多年的发展,原始创新成果频出,积累了相当数量的原始创新型人才,为中国未来的技术超越和引领打下了坚实的基础。由此可见,国家重大科技工程和计划实施与原始创新型人力资本培养生态的发展相辅相成,互为促进,中国应该充分发挥"集中力量办大事"的优势,通过重大科技工程的实施营造更加良好的培养生态。

(三)与培养生态负相关的生态要素

通过将14个生态要素与培养生态做相关分析发现,科研人员奉献精神与培养生态负相关。这一结论与常识上的认知看似相悖,但仔细分析可以发现,一个有利于原始创新型人力资本培养的良好生态应该是一个良性循环。科研人员的贡献得到充分认可,产生的原始创新成果的价值给予公平的认定和合理的酬劳,才能让更多的科研人员投入原始创新活动中,积累更多的原始创新型人力资本。因此,不能过分强调科研人员的奉献精神,过分强调不利于原始创新型人力资本培养生态的营造和持续改善。

(四)与培养生态不相关的生态要素

在14个要素中,个性诱导、国家科研基础设施建设、危机文化三个要素对培养生态的影响不显著。创新个性的培养有利于个体进入科研领域开展创新活动,但原始创新成果的产生必须以坚实的理论知识和把握科技前沿的能力为基础,因此,对学生在教育阶段进行个性诱导使其形成适合创新的个性,对培养生态改善的意义远小于在教育阶段传授知识对未来创新的影响。中国进入创

新驱动时期,科技任务组织的模式发生了深刻变化。早期以政府指令为主要模式的科技创新逐渐演变为企业为科技创新主体,企业间高度融合,引入市场化机制,形成从原始创新到成果转化的完整链条。在此种模式下,国家科研基础设施建设对原始创新活动开展的作用日益减弱,对培养生态改善的影响并不显著。一个国家的危机事件一般为突发事件,在事件过程中会形成短时的危机文化,但培养生态改善是一个长期持续的过程,所以危机文化很难对培养生态产生显著的影响。

通过对以上 14 个要素的分析,对培养生态改善有显著影响的要素是未来应该重点改进的方面,是培养生态能够持续改善的关键。

第三节 原始创新型人力资本培养生态实践检视

从上文度量的原始创新型人力资本培养生态看,中国近 30 年来原始创新型人力资本培养生态得到持续改善,虽然个别年份出现波动,但整体改善的趋势没有变化。培养生态持续改善的近 30 年,也是中国经济和科技飞速发展的时期,本节重点分析中国经济和科技的发展是否受到了培养生态改善的影响。

一、原始创新型人力资本培养生态对经济增长的影响

不同国家之间在实际人均收入和经济增长上存在着巨大差距,许多经济学家认为这些差距存在的重要原因是不同国家之间存在的技术差距。新经济增长理论提出,经济的外部性是经济增长的主要动力,而经济的外部性是通过技术吸收和技术创新发生在人力资本投资过程中的。由于各国的创新型人力资本水平不一样,导致国家间和区域间经济增长速度的不同和经济差距的拉大。技术追赶理论认为,在初级阶段,发展中国家从发达国家的技术溢出中获益,但其获益程度取决于人力资本的技术吸收能力[1]。当技术吸收能力较强时,国家间的技术差距会较快缩小,而一个国家技术吸收和创新能力提升的关键是人力资本的积累。在追赶的后期阶段,由于技术差距的逐渐缩小,后发国家向先发国家学习和模仿的空间变小甚至消失,导致通过技术吸收而获益的可能性变小,要想实现技术赶超而保持经济增长和达到经济收

---

[1] FAGERBERG J. Technology and international difference in growth rates [J]. Journal of economic literature, 1994 (32): 1147–1175.

第六章 中国原始创新型人力资本培养生态评价

敛,则必须促进创新型特别是原始创新型人力资本的积累,原始创新型人力资本数量的增多,带来最直接的影响是国家在经济发展中更具竞争力,能更多地吸引外商直接投资,为国家积累资金、发展经济奠定坚实的基础。因此,我们可以提出如下命题:原始创新型人力资本培养生态对经济增长有正向影响。本书选取"外商直接投资"代表经济增长,求解外商直接投资(y)和培养生态(x)的方程为:$y = a + bx$。

从图6-6中看出很好地拟合了数据,数据随机地散布在回归线周围。运用回归分析法进行分析,分析结果见表6-6,$R^2 = 0.9427$,拟合度非常好,相关系数$R = 0.9709$,说明培养生态与外商直接投资高度正相关。F(显著性统计量)的值小于显著性水平0.05,说明该回归方程回归效果显著。

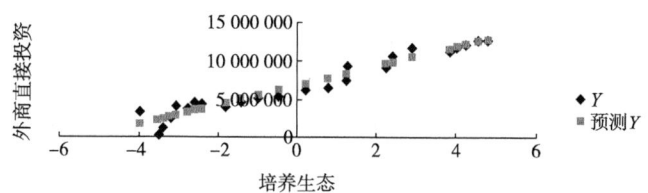

图6-6 外商直接投资与培养生态的回归分析拟合

表6-6 外商直接投资与培养生态的回归分析结果

相关系数 R	0.9709
测定系数 R^2	0.9427
F 检验	2.05E-16

通过将培养生态与外商直接投资做回归分析发现,两个指标高度正相关。由此,我们可以认为原始创新型人力资本培养生态的改善,对中国经济增长有重要的促进作用,需要通过采取有效的手段不断改善中国的原始创新型人力资本培养生态,推动经济的持续发展。

二、原始创新型人力资本培养生态对科技发展的影响

从前文原始创新的定义看,原始创新是在不考虑任何特别应用的基础上开展创新活动的,科研工作者按照自己的意愿开展科学研究是原始创新的基本特征。

从历史经验看，发达国家在高科技领域所获得的成功，可以从过去对原始创新所做的战略部署和巨大投入中找到依据。号称"日不落帝国"的英国，人口只有6 000万人，面积24万平方公里，由于率先完成了工业革命而成为世界霸主。第一次工业革命产生于英国，其中一个重要的原因就是从牛顿时代开始高度重视原始创新。第二次世界大战后，原始创新对一国经济发展的效用表现得更加充分。20世纪50年代起，美国、法国、德国等西方发达国家对原始创新的投入持续增加，为这些国家经济的长期稳定增长奠定了基础。对比日本和美国的经济发展路径可以发现原始创新的重要性。

第二次世界大战后，日本的科技发展主要采取了引进、吸收、再创新的方式，通过引进美国先进技术加以模仿推陈出新，日本经济得到了飞速发展。1973年以后，日本经济发生了很大变化，依靠大量资本的投入和技术模仿取得的经济增长效应已削弱，其增长率也明显下降：从1951—1973年的9.25%，到1973—1992年的3.76%[①]。由于日本在第二次世界大战后经济得到持续快速发展，而美国同时期的发展速度减缓，所以一直到20世纪90年代初，日本的经济发展优于美国。90年代后期两国经济发展出现了巨大反差，美国经济依靠信息技术和生物技术为特征的高科技取得了快速发展，而日本经济则出现了停滞不前的状况。造成这一现象的重要原因之一是日本一直坚持模仿创新的科技发展策略，忽略了原始创新能力的积累与发展。原始创新能力的不足导致日本经济发展潜力与后劲不如美国。因此，从长远发展看，一国的经济发展必须以提高科技原始创新能力为基础。中国的科技发展也经历了与日本相似的情况，改革开放初期，以模仿跟随创新为主，通过大规模的引进技术，促进了中国传统产业的技术改造和结构调整。但与此同时也出现了新的问题和矛盾，由于缺乏核心技术，很多领域出现了对外技术依赖，使得国家重大战略难以顺利实现。无论是美国等西方发达国家的成功经验，还是日本的前车之鉴，以及中国自身发展的现实，都说明了原始创新对一国经济发展，特别是科技发展的核心作用。因为原始创新在科技发展中处于如此核心和重要的地位，研究原始创新型人力资本及其培养生态对科技发展的影响十分重要。

通过以上分析，提出如下命题：原始创新型人力资本培养生态对科技发展有正向影响。本书选取"国际科技合作来华项目参加人数"代表国际科技人才

---

① 汪寅．科技原始创新问题初探[D]．合肥：中国科学技术大学，2007．

培养，讨论原始创新型人力资本培养生态对科技发展的影响。由于只讨论两个变量的关系，用一元回归分析，方程为：$y = a + bx$。

从图 6-7 可以看出很好地拟合了数据，数据随机散布在回归线周围。国际科技合作来华项目参加人数与培养生态同向变化。运用回归分析法进行分析，分析结果见表 6-7，R^2 为 0.860 3，拟合度很好，培养生态与来华项目参加人数高度正相关。F（显著性统计量）的值小于显著性水平 0.05，说明回归方程回归效果显著。

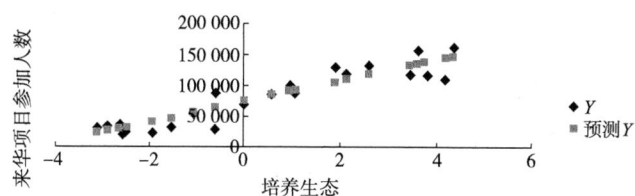

图 6-7　国际科技合作来华项目参加人数与培养生态拟合

表 6-7　来华项目参加人数与培养生态的回归分析结果

相关系数 R	0.927 5
测定系数 R^2	0.860 3
F 检验	5.35E-10

通过上述回归分析，可以认为原始创新型人力资本培养生态的改善对中国的科技发展有重要的促进作用，因此采取有效的手段不断改善中国原始创新型人力资本培养生态具有重要的意义。

三、格兰杰因果关系检验

为避免出现伪回归，通过格兰杰（Granger）检验确定原始创新型人力资本培养生态是否是经济增长和科技发展的原因。

（一）单位根检验

在进行格兰杰因果关系检验之前必须先检验各指标时间序列是否具有平稳性。因此，先对"原始创新型人力资本培养生态""国际科技合作来华项目参加人数""外商直接投资"进行单位根检验，以验证其平稳性。通过对上述三个指标进行单位根检验，0 阶、1 阶时的检验结果见表 6-8。

表6-8 "培养生态""来华项目参加人数""外商直接投资"单位根检验结果

	0阶 t-Statistic	0阶 Prob.	1阶 t-Statistic	1阶 Prob.
培养生态	2.818 4	1.000 0	-6.818 8	0.000 0
来华项目参加人数	-0.586 8	0.852 8	-7.240 5	0.000 0
外商直接投资	-0.649 5	0.841 9	-4.805 9	0.000 8

检验结果显示,在0阶时"培养生态""来华项目参加人数""外商直接投资"的Prob值都大于5%的显著水平,此时数据是不平稳的。在1阶时"培养生态""来华项目参加人数""外商直接投资"的Prob值都小于1%的显著水平,因此不存在单位根,从而达到平稳。根据以上检验可以看出,"培养生态""来华项目参加人数""外商直接投资"指标,在1阶差分后平稳,符合1阶单整。

(二)协整检验

为了进一步进行格兰杰因果检验,必须对指标数据进行协整检验。首先建立"培养生态"与"来华项目参加人数"的回归方程,结果见表6-9、表6-10,方程系数Prob值为0,系数都显著,然后提取残差,并对残差进行稳定性检验,Prob值为0.043 2,残差平稳,说明"培养生态"与"来华项目参加人数"有协整关系。

表6-9 "培养生态"与"来华项目参加人数"方程系数检验

变量	系数 (coefficient)	标准错误 (std error)	t统计量 (t-statistic)	Prob.
培养生态	-37.570 8	4.105 7	-9.150 9	0.000 0
来华项目参加人数	3.446 7	0.369 7	9.324 2	0.000 0

表6-10 "培养生态"与"来华项目参加人数"的协整检验结果

	Prob.
方程系数	0.000 0
残差	0.043 2

用同样方法做"培养生态"与"外商直接投资"的协整检验,结果见表6-11、表6-12所示。

第六章 中国原始创新型人力资本培养生态评价

表 6-11 "培养生态"与"外商直接投资"方程系数检验

变量	系数（coefficient）	标准错误（std error）	t 统计量（t-statistic）	Prob.
培养生态	-5.099 5	0.291 2	-17.514 6	0.000 0
外商直接投资	7.59E-07	3.82E-08	19.881 6	0.000 0

表 6-12 "培养生态"与"外商直接投资"的协整检验结果

	Prob.
方程系数	0.000 0
残差	0.026 9

通过协整检验说明"培养生态"与"来华项目参加人数"和"外商直接投资"的确存在长期的均衡关系。

（三）因果检验

"培养生态"与"来华项目参加人数"和"外商直接投资"均存在协整关系，因此，可以通过格兰杰（Granger）因果检验进一步对"培养生态"与"来华项目参加人数"和"培养生态"与"外商直接投资"是否具有格兰杰因果关系进行研究，检验结果见表 6-13。

表 6-13 格兰杰因果检验

零假设	obs	F 统计量	Prob.
外商直接投资不是培养生态的格兰杰原因	25	3.380 3	0.079 5
培养生态不是外商直接投资的格兰杰原因	—	11.035 5	0.003 1
来华项目参加人数不是培养生态的格兰杰原因	21	1.247 9	0.278 6
培养生态不是来华项目参加人数的格兰杰原因	—	8.137 4	0.010 6

由表 6-13 数据可以看出，"外商直接投资不是培养生态的格兰杰原因"的 Prob 值是 0.079 5，大于 5%，所以接受了原假设。"培养生态不是外商直接投资的格兰杰原因"的 Prob 值是 0.003 1，小于 1%，所以拒绝了原假设，说明培养生态影响外商直接投资。同理分析，培养生态也是来华项目参加人数的格兰杰原因，培养生态的改善影响了国际科技合作来华项目参加人数的增加。

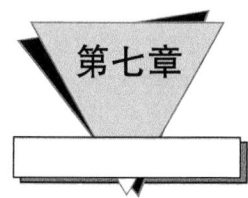

第七章

中国原始创新型人力资本培养生态未来发展探索

第七章 中国原始创新型人力资本培养生态未来发展探索

"创新就是要走别人没有走过的路。一般意义上的创新是从有到有的跟随式创新。更加难能可贵的是从无到有的原始创新,这种创新才对人类发展最有意义。"[①] 这段话充分说明了原始创新的伟大意义,而要激发原始创新行为的发生,原始创新型人力资本的积累以及培养生态的营造和改善更为重要。在前文研究的基础上,本章进一步讨论中国原始创新型人力资本培养生态系统的影响因素以及未来发展的方向。

探索促进原始创新型人力资本培养生态的影响因素,积累更多的原始创新型人力资本,具有现实而紧迫的意义。但如何改善培养生态是一个十分复杂的理论问题,也是一个十分困难的实践问题,很多因素应该纳入培养生态中进行全方位、多角度、长期的研究。因此,本章着重探讨培养生态可能的发展方向,并分析相应的改进策略。

第一节 从教育体系促进多学科生态系统的营造

近年来,凸显的全球科技进步,尤其是原始创新型科技成果表现的重点方向,无论是人工智能、新能源新材料、纳米科技等,所需要的原始创新型人才都显露出多学科生态系统营造的必要性。以人工智能为例,该方向原始创新型人才必须是融合机器学习、算法研究、芯片制造、图像识别、语言处理、语音识别、机器人等学科领域的人才,具备极鲜明的学科融合特点。要培养出该方向的原始创新型人才,必须在高等教育领域构建多学科生态系统。例如,在该领域成效斐然的英国,得益于"伦敦—牛津—剑桥"(牛津大学、剑桥大学、帝国理工大学、伦敦大学)黄金三角。这个黄金三角形成了密集的人工智能相关学科群,构建了人工智能方向多学科的生态培养体系,从而使其以阿兰图灵研究所为代表的人工智能研究机构群,集聚了大批人工智能的原始创新型人才,并快速积累和发展了相关领域原始创新型人力资本。因此,高等教育体系构建若干方向的多学科生态系统,可以说是高水平产学研深度融合的基础。在这个基础上,有利于培养原始创新型人才,并通过对人才使用价值的发掘积累原始创新型人力资本,从而突破相关科技,不断取得原始创新成果,创造新的科技产业。只有这样,才能适应新时代技术成果转化周期极短的现实,实现将

---

① 张杰. 大学是原始创新的重要发源地,引领着未来 [EB/OL]. 网易新闻, 2016 – 03 – 27.

原始创新成果快速转换为创业项目。

第二节 从组织（企业）体系促进创新与创业家社区集聚生态的营造

从全球的趋势看，全球主要原始创新成果越来越表现出集聚于少数创新与创业家社区的融合性生态特点。最典型的集聚地是美国硅谷，其次是英国黄金三角，以及中国的深圳，这种生态有利于将所有的创新要素高度集聚，包括多学科原始创新型人才的思想碰撞，敢于在原始创新研究方面投入，以及善于应用原始创新成果的创业家群体，最新科技信息的快速传播、创新资源的快速交换，大量创新型企业的集聚碰撞与竞合，科研基础设施的完整性和先进性，以及国家配套政策的便利实施，风投和其他资金投资的便利性等，都促使这种集聚地易于培养原始创新型人才，易于积累和发展原始创新型人力资本，从而促进原始创新型科技成果不断产生并快速产业化、扩散化。目前，中国的深圳地区已逐渐成为全球知名的创新集聚地，不仅吸引了中国大量高端科研人才，甚至全球性的创新型人才，特别是原始创新型人才也开始在深圳集聚。作为近14亿人口的大国，中国在未来不应只有深圳一棵独苗，在大学智力资源高度集聚的京津地区、沪宁地区等，同样应该促进创新与创业家社区集聚地的发展，从而催生新的更多的创新与创业家社区集聚地，这同样是完善中国原始创新型人力资本培养生态的重要探索。

第三节 从国家体系促进风险投资机制的建构和完善

未来发展的一个重要方向是创新型人力资本培养相关的风险投资机制的建构和完善。中国风险投资目前发展极为庞大，在总体规模上与美国不相上下。2018年中国风投金额达到705亿美元，占全球2 547亿美元的近1/4。虽然数量规模上发展极为庞大，但在质量和应用上，缺陷仍然较多，本书认为从培养原始创新型人力资本和获取原始创新成果角度主要需要完善的方向包括三个方面。

第一，扎堆锦上添花的"独角兽"类风险投资过多，而雪中送炭真正投资原始创新成果的天使投资太少。从实践看，中国风险投资行业跟风盛行，自行研究不足。如果是名人、大企业发起的风险投资，或者国际知名风险投资机构投资,则跟投一堆机构,例如,蚂蚁金服或摩拜共享单车,大家抢着投。如果是无名小卒就极为谨慎,往往把银行财务审核套用在创业投资上,对科技理解不足,一味强调盈利逻辑,限于自身的狭窄知识做出肤浅判断。对失败率高,但对培育原始创新型人力资本和原始创新成果有利的天使投资,则发展规模很小。因此,整体上,中国风险投资在促进科技发展和培养原始创新型人力资本方面下的功夫不足。

第二,风险投资行业过度集中于热门产业,对于未来科技方向前瞻力不足。前几年,中国风险投资集中于互联网,最近2~3年则集中于人工智能、大数据、智能医疗等少数领域。虽然这些方向是重要的,但并不仅是这些方向,很多其他重要的方向因缺乏当下热度而难以吸引风险投资。之所以如此集中,还是一种从众的"羊群心理"。看别人投了我也投,缺乏自身对科技方向和产业方向的独立判断。

第三,风险投资行业过度集中于少数城市,对全国范围挖掘不足。中国风险投资过度集中于深圳、上海、北京等少数城市,而地区政府主导的风险投资则需要"拼关系"。不在大城市,带头人不具备极高学历,是很难获得风险投资的。在全国大量的二、三线城市,事实上存在很多潜在的创新企业,也集聚了可能成为原始创新型人力资本和产生原始创新成果的创新型人才群落,但他们很难得到风险投资的关注。当地所谓的风险投资,更多的仅能视为一些融资性机构。

目前,中国风险投资机制风险投资效率不高,对于培养创新型人力资本,特别是原始创新型人力资本贡献很小。从国外特别是美国历史上风险投资培育出大量原始创新企业看,在中国的风险投资史上,还很少有通过风险投资孕育出原始创新成果的案例,这是中国风险投资界的明显缺陷。事实上,作为社会主义国家,不少风险投资机构有政府资金背景,理应具备更强的风险承受能力,但实践上,似乎比美国私人风险投资机构还害怕失败,以致成效不彰。

因此,从培养原始创新型人力资本,培育原始创新成果,形成优势新兴产业的角度看,中国风险投资机制亟待改进,需要在提高天使投资比例和规模,提高风险投资企业与科技研发前沿的密切度,提高政府参与风险投资基金使用效率等方面出发,进行整体改进。

第四节 促进创新与创业结合的培养环境的改善和发展

创新与创业作为一种教育理念和模式引领了国际新潮流,但目前中国仍处于起步阶段。从改革开放以来的历史看,中国民众创业强于创新,两者之间是失衡的。创业不能替代创新,而是要将创业元素融入创新当中去①。

改革开放以来,创业致富、成就未来成为深入民众心理的深刻认识,而改变贫穷、改变命运的强烈愿望催生了中国民众强烈的创业欲望。因此,中国民间的创业热情从未消退,每年新注册公司达数百万家,每年大学毕业生中的创业群体有20万人左右,都是中国民间创业热情的明证。但在创业热潮中也可以发现中国民间创业上的弊端,就是缺乏创新。整体还停留在草根经济时代,创业企业虽多,但失败率很高,且很难做大。以大学生创业为例,按照麦可思公司的调查,中国大学生创业成功率仅在1%左右,而发达国家则达到10%,差距很大。造成这种差距的原因,除了中国创业人群文化层次较低,高学历人员缺乏创业教育外,更大的原因是缺乏真正的创新,或者缺乏独到的技术,或者商业模式落后,因而创业的企业陷入市场经济的"红海"甚至"血海"的惨烈竞争中,往往创业不久,就败下阵来,以致创业失败。创业不仅消耗个人的资源和时间,同时也消耗社会和国家的资源。因而提高创业成功率对于个人、社会、国家都具有重要意义。提高创业成功率重要的是加强创新,而加强创新的根本在于"双创"结合的教育培养环境的改善和发展。"双创"教育是对"缄默知识"的学习,"缄默知识"很难用语言进行逻辑上的说明,也很难用规则的形式加以传递②,这一特点决定了"双创"教育很难由某一组织和阶段完成。在美国等西方发达国家的"双创"教育体系中,政府、学校和社会分别承担了不同的角色,在法律支持、资金支持、教育支持等方面保障了"双创"的实施效果③。综合前文的研究和中国的经验,改善和发展的关键有四点。

---

① 童晓玲. 研究型大学创新创业教育体系研究 [D]. 武汉:武汉理工大学,2012.
② 石中英. 波兰尼的知识理论及其教育意义 [J]. 华东师范大学学报(教育科学版),2001(2):38-47.
③ 郝杰,吴爱华,侯永峰. 美国创新创业教育体系的建设与启示 [J]. 高等工程教育研究,2016(2):7-12.

（1）在教育改革中持续推进"双创"教育以及选拔人才的精英教育。从各国实践看，基础教育阶段一般是培养想象力和夯实知识传承，训练基本的动手能力和创造思维，到高等教育阶段是创新活动开始实践的时间。因而基础教育培养想象力，高等教育实践创新。这一主轴思想应贯彻到中国的教育改革中，在长期的教育阶段，需要不断地选拔人才，对选拔出的人才倾斜资源，贯彻精英教育，以最终培养出原始创新型人才。

（2）将创新型人才的培养国家化、社会化。创新创业教育需要纳入国家和区域的发展规划。学校、企业和商业部门联合，形成大学、政府、企业、非营利机构多层次社会培养网络，现代蓬勃发展的校企联合培养平台、校企科技园区等都是有益的尝试。跨学校、跨机构、跨区域的联合、学术资源与创业资源的结合，才能真正提升创新型人才特别是原始创新型人才的生成和发展。

（3）以原始创新型人才为引领，实现创新型人才和产业的集聚。产业集聚往往伴随着创新型人才的集聚[1]，以江西新余为例，世界太阳能之父、美国马丁·格林教授的学生彭晓峰，2005年回国后在新余开始发展光伏产业，创立江西赛维，成为全球太阳能产业的世界领航者。新余作为一个小城市，2012年光伏相关产业的产值达到300多亿美元。虽然赛维曾有过衰落，但彭晓峰作为原始创新型人才仍然对当地产业和人才的集聚起到了巨大的引领作用，在光伏行业短暂萧条又重新走向光明之后，这种创新型人才和产业的集聚继续发挥着巨大的效果。由此案例可见，以原始创新型人才和原始创新成果为引领，有利于集聚创新型人才和创新型产业，形成巨大的企业聚落，反过来又推动新的创新型人才的产生。这种集聚效应对于原始创新型人力资本培养是极其重要的。

（4）创新人才团队与创业人才团队的对接需要良好的市场中介组织。从现实看，科技创新型人才团队，多数对于公司创办、公司管理、商业模式、市场开拓、人力资源、法律问题等不甚了了，要应用创新成果和提高创业成功率，需要对接具有良好管理能力的创业团队。同时具备科研和管理能力的创业者并不多见，因此需要良好的市场中介组织，实现创新与创业的整合。目前这些还是中国培养生态中存在重大缺陷的部分，应该学习芬兰等国家，通过完善的市场中介组织将科研创新成果与创业组织良好组合，从而形成有竞争力的综合创业组织。

---

[1] 郭世田．当代中国创新型人才发展问题研究［D］．济南：山东大学，2012．

综上所述，未来中国原始创新型人力资本培养生态的发展探索，一方面是对本研究所发现各类问题的改善；另一方面是在双创培养、风险投资机制、教育多学科生态系统营造、创新与创业家社区集聚地营造四个方向重点完善和发展。

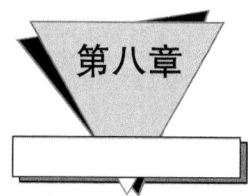

总结和展望

第八章 总结和展望

第一节 总结

原始创新是一个国家进步的根本。新中国成立70多年来，在经过追赶跟踪式的科技进步后，中国已经进入了一个新的历史时期，国家和民族的进一步发展越来越依赖于创新，特别是原始创新。如果缺乏原始创新，经济和社会的发展就会逐渐失去动力。大量的创新和原始创新成果，只能依赖于培养出大批的原始创新型人力资本，而原始创新型人力资本的产生、发展和发挥作用，依赖于一个高效合理的原始创新型人力资本培养生态体系。因此，发展和完善中国原始创新型人力资本培养生态，对于中国未来进一步的发展具有至关重要的作用。

纵观国内外原始创新型人力资本培养生态的构成，可以发现该生态系统是建构在教育体系、组织（企业）体系、国家创新体系和社会文化体系四个层面的综合复杂体系。

一、研究的内容

（1）本书对比研究了中外原始创新型人力资本培养生态的基本情况。主要以美国、日本和欧洲发达国家的经验和教训作为参照，对比研究了中国目前原始创新型人力资本培养生态的现状、存在问题、潜在优劣势，以及目前国内所采取的改进和完善措施及其作用。

（2）本书构建了培养生态模型，将影响变量总结为个体、价值和社会三个变量，以及知识、能力、投资、环境和激励五类因素，通过指标数据度量出中国原始创新型人力资本培养生态的实际得分，并对发展趋势进行评价，在此基础上进一步分析了培养生态对经济增长和科技发展的影响。

（3）本书重点分析了影响原始创新型人力资本培养生态的14个要素，并通过传记分析法对要素分析进行验证和补充。

（4）本书分析了原始创新型人力资本培养生态的影响因素，以及对未来中国改善和发展培养生态的几个重点方向进行了探索。

二、得出的结论

（1）通过对原始创新型人力资本培养生态相关概念、理论和文献的评述，界定了培养生态的定义，即：原始创新型人力资本培养生态是作为个体的人

才，特别是原始创新型人才在外部环境的影响下，使其天生禀赋得到正向或负向刺激，导致原始创新型人才天赋智能的进化或退化，进而影响原始创新行为和结果的环境体系。

（2）通过横向比较中国和国外主要创新型国家原始创新型人力资本培养情况发现，中国在原始创新型人力资本培养上还有很大的空间需要努力。但通过纵向比较中国不同历史时期的原始创新型人力资本培养情况发现，在营造有利于原始创新人才发挥使用价值，并形成原始创新型人力资本的培养生态上改进提升较大，并且国家和社会对原始创新型人力资本的积累越来越重视。

（3）通过对创造力成分理论的分析，总结得出影响培养生态的变量包含个体变量、价值变量和社会变量，以及相对应的知识、能力、投资、环境和激励五个因素。运用文献分析法和传记分析法获得的14个培养生态要素以及相对应的指标数据，定量分析了中国原始创新型人力资本培养生态的评价得分和发展趋势，认为中国培养生态整体上是不断改善的趋势，但个别年份出现下行波动。虽然稍有波动，但仍然处在培养生态改善的高速发展期。

（4）使用回归分析方法和格兰杰因果检验，分析了培养生态与中国经济增长和科技发展之间的作用方式和因果关系，表明培养生态的持续改善促进了中国的经济增长和科技发展，缩小了与西方发达国家的差距。

（5）根据上述分析和实证结果，本书认为在未来发展趋势上，在教育层面应促进多学科教育生态系统的营造，在组织（企业）层面应促进创新与创业家社区集聚生态的营造，在国家层面应促进风险投资机制的建构和完善，在社会文化层面应促进双创培养环境的改善和发展。

第二节　研究展望

原始创新型人力资本培养生态是一个极为复杂而综合的体系，由于时间关系、参考资料、数据资料等方面的限制，以及作者学识有限，在探讨原始创新型人力资本培养生态方面的研究展开不足，上述研究还很不充分。今后的研究应该从三方面展开。

（1）虽然本书参照美国、日本、欧洲发达国家的原始创新型人力资本培养生态对照研究中国的相关生态系统，但对于造成不同国情和战略方向的研究没有展开。毕竟，每一种生态都不能只是参照别国的现实经验，而必须是根据本国的国情、战略方向和民族性等生长出来的。

（2）近年来，中国在鼓励原始创新方面有较多的政策，但限于篇幅没有展开，也没有探讨这些政策在未来对中国的原始创新型人力资本培养生态会产生怎样的影响。这是未来研究的重点方向。

（3）在未来完善原始创新型人力资本培养生态的具体措施方面，研究仍不够深入，提出的对策是理论性的，如何规划"接地气"又具备可操作性的实践措施，仍需进一步深入研究和调研。

致 谢

时光荏苒，我稍显漫长又稍显曲折的博士生涯即将进入尾声。回首 10 年的读博时光，心中感慨良多。在刚刚迈入而立之年的时候，毅然决定考博，彼时意气风发，豪情无限，走下去却发现，汗水、泪水才是陪伴读博人的生活日常。如今，我已入不惑之年，这一段艰辛却快乐的历程，心中点滴并充盈的成长，给予我宝贵的人生财富！值此论文完成之际，向所有支持和帮助过我的人表达最真诚的感激之情！

首先感谢我的导师文魁教授。论文的全部工作是在文教授的悉心指导和关怀下完成的。从论文的选题、构思、研究、撰写、审阅到定稿的整个过程中，文教授都倾注了大量的心血和精力。文教授渊博的学识，严谨求实的科研态度，深邃敏锐的科学洞察力，精益求精的工作作风，诲人不倦的崇高师德，宽以待人的高尚风范，给我树立了奋斗的榜样！学业之外，文教授积极乐观的生活态度，平易近人的人格魅力，为人谦和的处事方式，平静如水的博大胸襟，更使我体悟到内心的喜悦！"一日为师，终身为父！"在今后的人生道路上，我将始终谨记恩师的谆谆教诲。在此，向导师致以最诚挚的敬意和衷心的感谢！

感谢父母以及爱人在我读博期间的无私支持，为了能够让我专心写论文，父母拖着病体为我照顾孩子，爱人在我遇到困难时与我共担困惑、忧愁、苦闷，还要感谢我的女儿，是你让我懂得了坚持的意义。

感谢好友易祯在我读博期间给予的大力支持与鼓励，感谢童玉芬教授、周明生教授给予的指导和帮助，也衷心感谢参与评阅、评审博士论文和出席答辩会的各位专家！

谨此向所有关心、支持与帮助我的老师、同学、亲人和朋友们致以最诚挚的敬意和感谢！